卡爾‧威特

如何「被」成為天才？

U0059281

開發五感×訓練四肢，
從智商低下到跳級上大學，
別填鴨陋習，用遊戲啟蒙腦力！

[德] 老卡爾‧威特 (Karl Heinrich Gottfried Witte) | 著　趙建，鄒舟 | 主編

THE EDUCATION OF KARL WITTE

全球銷量破億

一部來自 19 世紀德國，收錄在哈佛大學藏書館的珍貴教案
論述早期教育最早的文獻，堪稱眾多家庭教育法的始祖

天才學者卡爾‧威特，一出生被判定「智商低下」，
卻在 8 歲時精通六國語言、9 歲跳級上大學，16 歲獲得兩個博士學位，
突破金氏世界紀錄！這一切除了他自身的努力外，老卡爾的教育更是功不可沒？

目錄

CONTENTS

CONTENTS

前言
教育誕生天才

　　天才果真就是天生的嗎？

　　世界教育史上，一個著名的例子給出了關於這個問題的否定答案。

　　卡爾‧威特是 19 世紀德國一位著名的天才。他 8、9 歲時就能自由運用德語、法語、義大利語、拉丁語、英語和希臘語這六國語言；並且通曉動物學、植物學、物理學、化學，尤其擅長數學；9 歲時他考入萊比錫大學，後來又被哥廷根大學挽留；年僅 14 歲就被授予哲學博士學位；16 歲獲得法學博士學位，並被任命為柏林大學的法學教授；23 歲他發表《但丁的誤解》一書，成為研究但丁的權威。與那些過早失去後勁的神童們不同，卡爾‧威特一生都在德國的著名大學裡任教，在有口皆碑的讚揚聲中一直講授到 1883 年逝世為止。

　　卡爾‧威特能取得這番驚人的成就，並不是由於他的天賦有多出色，而是全賴他的父親教育有方 —— 實際上，卡爾出生後被認為是個有些痴呆的嬰兒。卡爾的父親（卡爾‧H‧G‧威特，國內多稱之為老卡爾‧威特）把小卡爾 14 歲以前的教育寫成了一本書，即本書。書中詳細地記載了卡爾的成長過程、自己教子的心得及獨闢蹊徑的教育方法。

　　這份長達一千多頁的教案之所以能在哈佛大學占有一席之

地，其價值就在於他向世人證明了：天賦才能對個人並沒有決定性影響，但如果在最佳時期對孩子進行早期教育，那麼，是可以培養出天才的。任何孩子只要智力正常，經過家長正確的早期教育，就可以成為一位天才。

　　一個人最終能否有所成就，其天賦有著一定的影響，但並不是決定性的影響。最主要還是得看後天的教育：教育得當，普通的孩子也能成長為天才，自然也能成就一番令人矚目的事業；若教育不當，即使是年紀再大的天才，也會被摧毀。「傷仲永」的典故相信我們都不會忘記，這就是教育失敗、讓天才淪為庸才的典型案例。

　　在問世近兩百年的時間內，作為哈佛大學圖書館裡收藏的、據說是美國唯一珍本所論述的教育方法，本書培養出了近代像賽德茲、威納‧巴爾以及維尼夫雷特等無數透過早期教育成材的世界級典範。該書的中文版本出版後，引起了強烈反響，許多父母從中獲益良多。一位哈佛學子的母親也對此書表示欣賞、認可及感謝，她說：「應該永遠感謝這些早期教育的宣導者與實踐者……許多父母已經按照書中的方法培養了數百位早慧兒童……我根本想不到，哈佛圖書館裡的孤本藏書所傳播的教育思想，最終會將我的孩子引向哈佛。」

　　本書是根據 1914 年英文版翻譯而成的一本經典教育著作。透過閱讀本書，相信你一定能找到將孩子培養成為天才的方法，在此誠摯地祝願，願天下父母都能將自己的孩子培養成一位天才！

第一章
上帝會保佑我們的孩子

有一位優秀的妻子對養育孩子有著決定性的作用

　　我認為婚姻的目的在於生養出合乎上帝要求的下一代。身為上帝的子民，我的使命是竭盡全力地使自己的孩子堅強有力，讓他平平安安地成長，盡情享受生活的樂趣。而要做到這一點，就要盡量使他在成人之前具備人性的美德與健康的體魄。為完成這一責任，必須從尚未為人父母的夫妻開始，也就是說，丈夫和妻子應該要先合乎上帝的要求，必須優秀、合格。

　　大多數的父母意識到這一點時，孩子都已經2、3歲了；而想要出色地完成教育孩子的使命，應從孩子尚未出生時就開始用心。這意味著我們自身必須健康完善，才能夠承擔上帝賦予的這一使命。

　　社會上流傳著一種不合乎情理的說法：「近親可以繁殖出最好的馬及最好的狗」，可是這並不適用於人類。來看看發生在我身邊的一個例子：鄰村的鐵匠傑克跟他的表妹結婚，一共生了9個孩子，其中3個夭折，其餘6個都患有程度不同的疾病。傑克夫婦的兩個原生家庭在我們這個地方世世代代人丁興旺，但傑克居然沒有後代來延續他的血脈。現在已屆老年的傑克常常因此傷心落淚，但為時已晚。

　　我之所以舉這個例子，是想說明近親結婚生下的孩子往往弄得人們焦頭爛額，使整個家庭，甚至整個家族陷入痛苦之中，這實在是最愚蠢不過的事情了。

　　有些人在尋找自己的愛人時，常常根據自己的情況，暗藏

不同的動機，這種人讓我感到不齒。有的人或許會說，你看我的家境不好，哪裡還有資格挑三揀四，隨隨便便找一個就可以了；有的人為了婚後過上富人的生活，就非得找一個千金不可；也有的人，為了日後的飛黃騰達、在世上有一個讓人頂禮膜拜的地位，非要娶一個出身名門的女子為妻；有人說，我是被我妻子的舞蹈吸引才向她求婚的；也有人說，由於妻子長得漂亮，我才跟她結婚的。

事實上，這些都是錯誤的。這種自私片面的做法，絕對不會讓自己的家庭幸福。為了自己和將來的孩子，我們一定要選擇身體健康、內秀、善良的女人做妻子，而不必為某種目的去選擇 —— 只要對方沒有過於明顯的缺陷。

我的妻子稱不上是那種非常美麗的女人，但我們十分相愛。之所以選擇她，就是因為她有一顆善良的心。她勤勞、知書達理，並且能理解我，時時刻刻給我鼓勵與支持。雖然我是一個清貧的牧師，沒有富裕的物質生活，但她從來不曾對我有過任何的抱怨。在有了兒子以後，她把所有的愛都傾注在了兒子身上。我經常想，兒子之所以能健康地成長，並且最終取得輝煌成就，與妻子那一顆天生善良的心是分不開的。

母愛是女人的天性，對於大多數女人來說，擁有一個聰明可愛的孩子恐怕是她最大的心願。我的妻子自然也不例外。但不幸的是，我們的第一個孩子夭折了，這使妻子陷入痛苦與沮喪很長一段時間。直到懷上卡爾，她才漸漸從不愉快的心境中走了出來。

「我們即將出生的寶寶會是怎樣的呢？」「漂亮嗎？」「聰明

嗎？」妻子常常懷著憧憬之情問我諸如此類的問題。看著她那迫切的眼神，為了讓她安心，我肯定地回答：「我們的孩子一定是聰明的，他是上帝賜予我們的寶貝。」

然而，即使我和妻子滿懷激動之情盼望著孩子的出生，第一個孩子夭折的陰影仍然籠罩著我們的家庭。

有一天，妻子突然問我：「這個孩子會不會……」

儘管妻子沒有把話說完，我已經明白她想說什麼。其實，我們有著同樣的擔心，但是身為丈夫，我絕對不能表現出來，因為這樣做只會讓她陷入更大的痛苦。

我微笑著對妻子說：「上帝是仁慈的，他不會讓我們再失去第二個孩子。」

在我和妻子漫長的婚姻中，我們總是能夠如此互相安慰、體諒。

我想，上帝給我這樣一位好妻子，實在是他老人家對我的最大恩賜。我可以肯定地說，如果沒有妻子的支持與幫助，我不可能擁有雖然不富裕卻幸福的生活，更不可能將我們的兒子卡爾培養成一名優秀的人才。

在教育卡爾的過程中，我們遇過無數問題，但是，最終我們都成功解決了。這在很大的程度上應該歸功於我的妻子；從卡爾一出生，她就將自己全部的愛及心血毫無保留地傾注在了卡爾身上。說實話，卡爾的智商並不高，甚至可以說有些愚鈍；而他後來能成為一個被人譽為天才的孩子，妻子的付出是最多的。

▌懷孕期間注意寵物的衛生

　　毋庸置疑，所有的父母都渴望生出的孩子會是一個天才，希望他長大後能出人頭地，我和妻子也不例外。但是，世事往往難如人意。因此當我和妻子都沉醉在即將為人父母的激動之中時，我們並沒有忘其所以；為了能生出一個健康、聰明的孩子，在妻子還未懷孕之時，我們就開始充分注意自己的精神與體質。

　　在我看來，奢華的生活易使人沉溺於享樂，做不到神清氣爽。所以我和妻子在衣、食、住上都特別樸素節儉。為了呼吸到新鮮的空氣，我們不會總是待在屋裡；而是時常到戶外走動，在田野之中享受大自然的美麗，這樣就很容易使我們的心胸開闊。我和妻子的脾氣都很好，始終以平和的心態對待身邊任何瑣事，很少有失去理智的時候。在那段日子裡，我們的生活是安寧而愉快的。我認為，這種情況下出生的孩子，身心也一定會健康。

　　德國人都喜歡飲酒，可是我卻沒有這種嗜好，這是我引以為傲的一件事情。在這裡，我也奉勸那些喜歡飲酒的父母，為了孩子的健康，必須放棄這個嗜好。我們夫婦決定要備孕時，一位醫生朋友就曾告誡過我：如果酒後受孕，胎兒的發育就會變得非常緩慢，智力也會相對低下，尤其是婦女飲酒，後果更為嚴重。因此，夫妻雙方至少應在受孕前 3 個月開始戒酒。

　　我和妻子在受孕之前對此都非常地重視。

　　在那段時間裡，我和妻子經常運動，無論何處都盡量走路

去，不到萬不得已絕對不坐馬車。那時我們都對將要出生的兒子充滿信心，而妻子的性格也很開朗。我們時常到田野散步，或者去周圍爬山，我還經常幫她摘野花。有一次，我和妻子徒步去附近的風景區旅行，一路上，我們進行了一場別開生面的對話。那時的情景及對話，現在的我仍記憶猶新。

　　看著風景區迷人的景色，我萬分感慨：「感謝上帝，這裡簡直太美了！」

　　「大自然的風光當然美了！可是，親愛的，你能說出它美在什麼地方嗎？」妻子微笑著問我。

　　「這是上帝的傑作。」我興致勃勃地高談闊論起來，「妳看，那些岩石是多麼地強壯，它們是力量的象徵。那些花草又是多麼地嬌美。」

　　「是啊，它們構成了一幅美麗的圖畫。」妻子說道。

　　「如果我們的孩子是個男孩，我一定要讓他成長得像岩石那麼強而有力。」我說。

　　「如果是女孩呢？」妻子問。

　　「女孩的話，我希望她長得可愛、美麗，就像那些盛開的鮮花。」我說。

　　「你的這種說法不太對。」妻子說，「如果只是這樣，我們的孩子絕對不會成為優秀的人。」

　　「哦？」我奇怪地問，「難道不是這樣嗎？」

　　「我認為不管是男孩還是女孩，都應該成長為一個健全的人。他（她）應該有岩石般堅強的性格與強壯的體魄，最好也擁

有漂亮的外表。當然,對於孩子的外表,我們是無法控制的;但我想我們的孩子應該不會醜陋得像撒旦吧。」妻子說道。

「那是當然的啦!我們的孩子肯定不會醜得進地獄。」我幽默地說道。

「嗯,親愛的卡爾,我們的孩子應該擁有全德國最優秀的智慧。」妻子滿懷憧憬地說道。

是的,毫無疑問,讓我們的孩子擁有最優秀的智慧,這才是他/她和我們一生中最重要的事情。

而我們的這些希望,也成了後來培養小卡爾的準則與目標。

我和妻子幾乎不曾發生過爭吵,感情一直很好,因為我們都認為為了將來的孩子應該和睦相處。

在兒子來到人世之前,雖然我們盡力把一切都做好,但是仍有一點疏忽。之前醫生曾對我說過,有一種寄生在貓狗糞便及其生肉中的弓形蟲,對胎兒有很大的危害,可是當時我們不怎麼重視這些。那時我從鄰居家抱回了一隻小狗,目的是為了讓妻子開心愉快,而家中原本還有一隻貓。卡爾剛生下來時看上去不太健康,我想或許跟這有關。

▎上帝會保佑我們的孩子

倘若妻子懷了孕,就應該過有規律的生活;這不僅是指妻子,也包括丈夫。在妻子懷孕後,我們養成了嚴格的作息時間,盡量做到早睡早起。我以前常常深夜祈禱,這是在年輕求學時養成的習慣。因為我是一個喜歡思考的人,夜深人靜之

時,思路往往最為清晰。當人們熟睡之後,我總會獨自一人在燈光下看書,靜靜地閱讀書中的智慧。這對我來說,是人生最大樂趣。可是,妻子懷孕後,我改掉了這個習慣,因為我非常清楚地知道,懷孕時的女人特別需要丈夫的體貼。此外,如果我在深夜讀書,一定會影響她休息。雖然失去了深夜讀書及與上帝交流的樂趣,但為了妻子和孩子,我想這樣做是值得的。

我認為自己是一個合格的丈夫,為了讓妻子保持愉快的心情,我用盡了一切辦法。懷孕是一件非常辛苦的事情,身為丈夫,我盡力在每一件事上給予妻子足夠的關懷、理解與體貼。有時候妻子的心情不好,我就耐心地引導她跟我說話,進行情感交流,盡快讓她從不好的心境中擺脫出來。

妻子很喜歡泡熱水澡。在一天的勞累後,泡熱水澡的確是一件非常享受的事情。但是在她懷孕期間,我堅決禁止了她的這一愛好,因為熱水澡雖然會讓她很舒服,對胎兒卻有極大的害處。

縱使即將成為母親了,妻子畢竟還是一個很年輕的女人,有時會任性,也會發脾氣。對於丈夫的我來說,哄哄她也是常有的事。

有一次我外出,沒了我的「監督」,妻子難忍熱水澡的誘惑,又泡了熱水澡。我知道這件事以後便責備了她。

「親愛的,妳怎麼又這樣做呢?我不是說過泡熱水澡對孩子有害嗎?」

「哼,你就只知道孩子。自從懷孕以後,我發現你所做的一切都是為了孩子,再也不像以前那樣關心我了。」妻子似乎很

生氣。

「不是這樣。親愛的，孩子是我們共同的孩子，我關心他不就是在關心妳嗎？現在泡熱水澡確實對孩子不利，等孩子出生後，妳想怎麼泡就怎麼泡，我親自幫妳燒熱水。」

「可是，這幾天我沒有出門，渾身不舒服，彷彿身上的肌肉都變瘦了，好難受。」妻子頑皮地說道，「你不是經常說，母親如果不愉快，就不會生出健康的孩子嗎？我不泡熱水澡就不愉快，你說該怎麼辦呢？」

我知道，妻子雖然是在開玩笑，可是確實有她的道理。所以，之後的每一天，我都會讓女傭幫她準備熱水泡腳，並親自用熱毛巾幫她擦身體。

那段日子，我到現在都難以忘記。有許多男人在妻子懷孕以後，便沒有耐性和妻子待在一起，可是我卻沒有這個壞毛病；相反地，那個時候，我們之間的距離是非常近的，那是一種屬於兩個人之間的幸福。雖然孩子還沒有出生，但我們已經確確實實地感受到他的存在了。

在妻子懷孕期間，我每次外出歸來，都會送她一束鮮花，並推薦她一些優秀的圖書，為的就是讓她保持愉快的心情。偶爾，妻子會心情不好，這時，我就耐心地引導她跟我說話，進行情感交流，使她轉換不好的心情。

有一次，妻子忽然被一種恐懼不安的情緒籠罩。那天我從外面布道回來，按照平常的習慣，我最先要做的是去向妻子問好並親吻她；但當我走進房間，卻發現妻子極度不安與害怕。

「親愛的，怎麼啦？」我問妻子。

第一章　上帝會保佑我們的孩子

妻子的眼神哀怨無助，她一句話也沒有說。

當時我覺得非常奇怪，因為妻子的性格非常開朗，有什麼事能讓她如此哀傷呢？她一直呆坐在那裡，兩眼無神、滿臉憂鬱。

我急忙走過去將她輕輕摟住，並柔聲地問她：「有什麼不舒服嗎？告訴我，我們不是一直都很幸福嗎？妳不是什麼話都會跟我說的嗎？今天到底怎麼啦？」

「卡特琳娜的兒子死了。」妻子的語調極為哀傷無助。

卡特琳娜是我們鎮上的一位婦女，她的兒子只有 1 歲多一點，身體向來不好。這個孩子一生下來就得了一種怪病，醫生們都束手無策。可是我真的沒有想到，那個可憐的孩子會這麼快就死了。由於那天我去了另外一個教區，否則我一定不會讓妻子知道這個消息。因為對於一個已經懷孕的婦女來說，這種消息是最難以接受的。

「今天他們來找你，可是你不在。聽到這個消息後，你都不知道我有多難過。我突然想到了我們的孩子。」妻子悲傷地說道。

「唉，親愛的，千萬別這樣想。」我充分理解妻子的苦惱，連忙勸慰她：「卡特琳娜的孩子生下來就有病，雖然我沒有想過這麼快就……不過，我們的孩子一定沒有問題的。」

「但，我們第一個孩子不是也夭折了嗎？」說到此處，妻子放聲大哭。

當時的情況讓我無計可施，但我還是努力地冷靜下來，幫助妻子從悲傷之中掙脫出來。

「親愛的，別想那麼多。我們的第一個孩子夭折，那是上帝的安排，是無法阻止的事情。我們不能活在痛苦的回憶之中，應該往前看。我每天向上帝祈禱給我們一個健康的孩子，我想上帝是不會辜負我們的。聽說卡特琳娜在懷孕時就成天跟丈夫吵架，每天都處在不愉快之中，所以她的孩子才不健康。為了我們的孩子，我希望妳快樂起來。」

「道理我都懂，可是親愛的，我就是無法控制自己。」妻子哭泣著說。

「不要擔心，讓我來幫妳。盡快忘掉不愉快的事，想想我們即將出生的孩子的模樣，他一定是個優秀的孩子。試試看，做一個深呼吸。」我一邊說，一邊對妻子示範。

妻子跟著我做起深呼吸來。一會兒，她的心情果然好多了。那天晚上，我沒做別的事情，就只是陪伴著妻子，告訴她我的工作跟最近看的一本書。第二天，妻子已經完全從悲痛中走了出來，恢復了往常的開朗。

從改造孩子的母親開始

「同一個靈魂支配著兩個軀體……母親的願望對腹中的胎兒不斷產生影響……母親的意志、希望、恐懼以及精神上的痛苦對胎兒的嚴重影響，遠遠超過對母親本身的影響。所以，教育孩子，首先應該從改造孩子的母親開始。」這是義大利畫家達文西的一句名言。

母親對孩子有著決定性的作用；母親的性格、習慣、愛好

第一章　上帝會保佑我們的孩子

乃至一個表情都會在一定程度上影響孩子。所以，母親應該盡量讓自己快樂。

有很多母親喜歡僱人教育孩子，我認為這樣的婦女算不上合格的母親；把孩子交給別人看管，恐怕只有人類才會這麼做，這種做法與天性相違。

有一對年輕又充滿活力的夫婦，由於家庭條件極好，他們生下孩子後就到國外旅行了。他們把孩子委託給一位親戚，而這位親戚因為工作忙，沒有時間教育孩子，於是又把孩子交給了管家照顧。

這對夫婦在英國住了一年，又到法國住了一年，後來還去了美國和非洲，幾乎走遍了全世界。他們走之前對別人說，現在有了孩子，就應該趁他還小去外面多玩一下，否則等孩子長大以後，要教育他就沒有時間玩了。

這對夫婦的做法實在太愚蠢了，他們不知道在孩子出生時教育就已經開始了。這種錯誤的觀念最終讓他們嘗到了難咽的苦果，以至於終生後悔。

他們從國外回來後發生的事令他們後悔不已。孩子根本就不認識他們，像看陌生人一樣；而這一切不能怪任何人，只能怪他們自己。

一到晚上，當這對夫婦想讓孩子跟他們一起睡時，卻遭到了孩子的強烈拒絕。雖然他們的臥室溫暖舒適，可是孩子卻堅決地留在了管家那間簡陋的房裡。

這對夫婦都是受過良好教育的人，然而現在他們的孩子，卻滿嘴髒話，成天在外面跟一群窮人家的搗蛋鬼玩。他在外面

玩得太高興，以至於經常跟別的孩子一起做壞事、打架、欺負更弱小的孩子。他們想讓他讀書認字，但孩子根本就學不進去；他們的管教對於孩子來說，根本就是一種束縛。

每當他們想教導孩子時，就會看到孩子陌生而冷漠的目光。終於，不應該發生的、令人心痛的一幕發生了。

有一天，他們和孩子產生了激烈的爭吵。

「你要知道，我們是你的親生父母。」面對孩子的冷漠，年輕的父母終於忍不住發怒了。

然而，當孩子看到他們凶神惡煞般的模樣時，轉身便跑出房間，躲在了管家身後。於是，他們又把怒火全都發洩在管家身上。

「妳是怎麼教孩子的，他連自己的親生父母都不認識了！」那位父親怒氣沖沖地對著管家吼叫。

「哦，對不起，先生。我想，這可能……是因為你們太久沒有住在一起的緣故吧……我想以後會好的。」可憐的管家戰戰兢兢地辯解道。

「你們不能這樣對瑪格麗特太太說話。」對於孩子來說，他肯定是站在帶他長大的管家這一邊。他一邊為她說話，一邊怒視著自己的親生父母。

「我是你的父親，你不懂嗎？」

「但是我從來沒有見過你。」

「不管你想怎樣，從今以後你都要聽我們的話，接受良好的教育。從今天起，不准你再跟瑪格麗特太太一起睡，而要跟

我……」

「我不要！」孩子打斷了父親的話，「我只喜歡跟瑪格麗特太太一起睡。」

「那好，我今天就把瑪格麗特太太開除。」此時，父親已經火冒三丈。瑪格麗特太太和孩子相處快五年，與孩子早已有了深厚的感情，最後她含著眼淚離開了。

但是，在瑪格麗特太太走了之後，孩子仍舊沒有什麼好的改變，而且變得更加鬱鬱寡歡，甚至在睡夢中時常呼喚瑪格麗特太太的名字。在他十幾歲時，有過幾次離家出走的經歷。

事實上，會有這樣的結果跟他父母不洽當的教育方式是分不開的。當然，並不是說一定不能讓僱用的人來照顧孩子，只要方式正確即可。對於比較富裕的家庭，可以把部分雜務交給女傭做，對孩子的照顧也不一定要樣樣都親力親為，但父母一定要承擔起孩子平時的教育及管教的責任。

我們家也一直有僱用女傭，但卻沒有發生過類似的事情，因為卡爾的母親承擔起了主要的工作。她時時刻刻陪伴著兒子，哺育他、教育他，女傭只是在她忙不過來的時候幫助她而已。

我為我的妻子感到自豪，她不僅精心養育了卡爾的身體，也對卡爾的教育做出了不可磨滅的貢獻。

我的妻子在懷孕期間非常講究飲食，她的說法是：「我所做的一切都會影響到孩子。」懷孕期間，她在飲食上是絕對地清淡，從來不吃葷腥的東西，像鹹菜、蝦這些刺激性較強的東西一律不吃，還經常喝白開水，就連最愛吃的油炸鹹魚她都戒掉

了。她說我的寶貝一定不能吃這些東西，這些東西會破壞胎兒嬌嫩的皮膚。她說雖然是自己吃而不是餵給孩子，但那些東西到了肚子裡之後，肯定會被孩子吃掉。

妻子有一副天生的好嗓子，她出嫁之前在當地很有名氣，人們都知道她能唱很多動聽的歌。懷孕後，她還常常輕聲歌唱，對我說我們的孩子一定聽得到她的歌聲。

妻子是一位非常堅強的女性，她認為，為了讓孩子在出生前就能成為一個勇敢的人，母親先要變得更加堅強。所以，在懷孕期間，無論遇到什麼事情都要堅強面對。妻子幾乎沒有哭過，即使有傷心難過的事，她也能從瞬間的痛苦中掙脫出來。我非常贊同妻子的想法，因為若是懷孕期間的母親不愉快、經常哭泣，那麼會直接導致嬰兒發育不良，而發育不良是形成軟弱無能性格的罪魁禍首之一。

身為一個合格的母親，應該讓自己的孩子成為一個追求正義與真理的人。許多母親只顧關心孩子的身體健康，而忽略孩子品德的形成及智力的發展，這都是錯誤的、不負責任的行為。妻子的勇敢與快樂，最大程度地影響了卡爾，她用母親的堅強去武裝兒子的堅強，並給了卡爾愛與智慧，使兒子後來步入社會時，即使遇到困難，也無所畏懼、永不放棄。

第一章　上帝會保佑我們的孩子

第二章
後天教育比天賦更加重要

▌卡爾的天賦與後天教育

「人剛生下來時都一樣，僅僅由於環境，特別是幼年時期所處的環境不同，有的人可能成為天才或英才，有的人則成了凡夫俗子，甚至蠢材。即使是普通的孩子，只要教育得當，也會成為不平凡的人。」這是愛爾維修所說過的一句話。

在卡爾還沒有出生前，我就懂了這個道理，並且經常向別人介紹。不過這個看法也有一定的局限性：它強調了環境的影響，卻忽略了孩子們的天賦差異。所以，我並不十分贊成愛爾維修關於孩子稟賦都完全一樣的觀點。有人說我認同他這種觀點，其實這是別人對我的誤解。

哲學家盧梭在他的教育學著作《愛彌兒》一書中有如下一則譬喻：

有兩隻狗，牠們由同一個母親所生，並在同一個地點接受同樣的教育方式，但其結果卻完全不一樣。其中一隻狗聰明伶俐，另一隻狗愚蠢痴呆。這種差異完全是由於牠們先天性的不同造成的。

與之相對的，是著名教育家裴斯塔洛齊的一段寓言：

有兩匹長得一模一樣的小馬。一匹交給一位莊稼人餵養。但那個莊稼人非常貪得無厭，在這匹小馬還沒有發育完全，就用來賺錢，最後，這匹小馬變成了無價值的馱馬。與上述這匹命運迥異的是，另一匹小馬託付給了一個聰明人，最後在他的精心餵養下，這匹小馬竟成了日行千里的駿馬。

上面的兩個小故事提出了兩種截然相反的觀點，前者強調

人的命運由其天賦的優劣決定，認為環境的作用是次要的；而後者卻恰恰相反，認為天賦毫無用處，後天環境的作用至關重要。

對於孩子的成長問題，很少有家長支持裴斯塔洛齊的學說，更多人傾向盧梭的說法，愛爾維修肯定是裴斯塔洛齊派的支持者。我雖然傾向裴斯塔洛齊派的學說，但仍有我自己的觀點，並不是完全是站在他這一邊的。

在經歷了滿懷希望與擔心的等待之後，我們的兒子終於誕生了。當時我已經 52 歲了，對於一個像我這個年齡的人來說，兒子的出生是一種無法言說的歡樂。

我的喜悅之情溢於言表，我給兒子取了一個具有紀念意義的名字 —— 卡爾‧威特。之所以用我本人的名字，是為了表明我一定要將他培養成優秀人才的決心。

可是，上帝卻跟我們開了一個小小的玩笑。兒子並不是一個稱心如意的嬰兒，他看上去有些痴呆，並沒有我和妻子想像得那麼聰明。

面對這樣的一個嬰兒，我的壓力陡增，我能將他培育成才嗎？

而對於妻子來說，這個事實更是難以接受。她簡直不敢相信，自己在失去一個孩子之後，得到的第二個孩子居然還是這麼地令人失望。

在兒子出生後的十多天內，我和妻子都陷入了巨大的苦惱與憂傷之中。

慶幸的是，這種情況並沒有持續太久，因為在這之前我已

第二章　後天教育比天賦更加重要

確信 ——— 後天教育是孩子成才的決定性因素 ——— 這種觀點。在短暫的苦惱與憂傷之後，我和妻子便開始全心投入對兒子的培養之中。

在得知卡爾並不是一個完全讓人滿意的嬰兒之後，周圍一些關心我們的人便紛紛勸告我，有的人安慰我和妻子，也有的人藉此對我的教育觀點提出反對意見。

有人說：「威特牧師，您不是說孩子的才能在於後天培養，天賦並沒有決定性的作用嗎？可是現在這種情況該怎麼解釋呢？您的兒子在天賦上明顯不足，您有把握讓他成為優秀的人才嗎？」

每當聽到這樣的問題，我總會毫不猶豫地回答：「我絕對有把握，我一定會將卡爾培養成為優秀的人才。」

雖然當時我並不知道卡爾將來會成為怎樣的人，但身為父親，我有決心將我的教育觀念，以及我的愛心完全落實在卡爾身上。這一切絕不會白費，對此我深信不疑。

之所以有這種信心，是有根據的。在我看來，孩子的天賦當然是有差別的，有的孩子多一點，有的孩子少一點。如果很幸運地生下 —— 個天賦為 100 的天才，那麼普通孩子的天賦大概只有 50，笨孩子的智商可能在 10 以下了。

要是孩子們都受到相同的教育，那麼他們所具備的天賦優劣就決定其命運。但是目前孩子們受到的教育都很不完善，以至於他們的天賦不能充分地發揮出來。例如：有的孩子具有 60 的天賦，結果可能只發揮出了 30；具備 80 天賦的孩子，只能發揮出 40。

因此，倘若趁機實施可以發揮孩子稟賦八到九成的有效教育，即使生下來稟賦只有 50 的普通孩子，也會優於生下來稟賦為 80 的孩子。當然，如果對生下來就具備 80 稟賦的孩子施以同樣的教育，那麼前者肯定是趕不上後者的。不過並不需要悲觀，因為生下來就具備出色稟賦的孩子畢竟只是少數；大多數孩子，其稟賦約在 50 左右。更何況，如果父母按照前述的方法進行生育，生下來的孩子智商肯定不會太低。

不要逼孩子

根據上述理論，如果對生下來就具備出色稟賦的孩子施以優秀的教育，那麼，他的未來必將一片光明。可是，現實卻恰恰相反，人們對天才的教育往往是失敗的；很多父母太過於看重孩子的天賦，而不是全方位地培養孩子。父母對孩子百般挑剔、要求過高，最終會引起孩子的叛逆心理，導致孩子產生壓抑與怨恨的情緒。在現實中，經常可以看到因為父母過分逼迫，導致半途而廢的天才。

卡爾出生後的第三天，我的好友格拉彼茨牧師來我家拜訪。發現卡爾並不是一個聰明的孩子之後，格拉彼茨牧師有些擔心了起來。

「威特。你是知道的，我一直相信你的說法，也一直支持你的教育觀點。可是現在，我卻為你感到擔心。」格拉彼茨牧師說道。

「有什麼好擔心的呢？格拉彼茨牧師。」雖然，我已經知道

他在擔心什麼，但我仍舊想讓他親口說出來。

「非常抱歉，我知道這樣說會使你感到難受，但我不能在事實面前裝作什麼也沒有看見。」格拉彼茨牧師說道。

「沒有關係的，格拉彼茨，我們是朋友，請直說吧。」

「很明顯，你的兒子顯得並不是很聰明。雖然這令人遺憾，但我想，我們都應該面對這個事實。」格拉彼茨牧師說道。

「是的，卡爾的確不太聰明，但我認為這並不能代表什麼。」我回答。

「沒錯，先天不太聰明並不意味著他永遠都不聰明。不過，這樣一來，你必須付出加倍的努力。」格拉彼茨牧師說道。

我沉默地點了點頭，表示同意他的說法。

「那麼，我幫你出一個主意吧。」格拉彼茨牧師繼續說道，「既然你的孩子不太聰明，現在只有把全部的希望寄託在他的後天培養上。我的意思是從現在起，你和你的妻子，包括你的兒子都要準備做出某種犧牲。」

「什麼犧牲？」我對他的說法感到不解，看著他，等待他做出進一步的解釋。

「我是說，既然你的孩子天賦並不高，那麼就應該充分利用後天的教育來彌補。你應該讓他受到比其他孩子更嚴格，甚至是更殘酷的訓練。這樣雖然會犧牲掉他快樂的童年，但一定會對他的將來有好處。至於你和卡爾的母親，更應該為此做出犧牲，比如犧牲小家庭裡的夫妻溫情等等。」格拉彼茨牧師認真地說。

「上帝啊！格拉彼茨，你怎麼能這樣想？」聽完格拉彼茨牧師的話，我立即否定了他的觀點，「難道還有什麼比幸福生活本身更重要的事嗎？這種犧牲是毫無意義的！」

「那麼，難道你就不在乎孩子的前途嗎？」格拉彼茨牧師問道。

「孩子的前途當然重要，可是你這種方法根本不可能使孩子健康成長。你的做法只會適得其反，讓孩子既沒有享受到童年的幸福，也不會學到他所需要的一切知識。要知道，任何催逼與急功近利的做法只會帶來一種結果，那就是毀了孩子。」我肯定地說。

格拉彼茨牧師聽了我的話，陷入了思考之中。

事實上，我這樣說並不是沒有根據的。許多知名人士在成年後都說過，他們年幼時曾受到父母的極度催逼，結果留下了影響一生的傷害。英國哲學家彌爾的父親，在彌爾的孩童時期，就無情地催逼他。為了讓彌爾養成天天刻苦學習的習慣，不允許他有假日，也不給他玩耍的自由，對他嚴加管束，甚至連他的興趣與愛好都要由父親來決定。彌爾在青年時期經常憂鬱，終生都感到有心理障礙。在自傳裡，他痛心疾首地回憶了受父親壓制的情景。

卡爾・馮・路德維希是另一個著名而悲慘的例子。路德維希是一個天賦極高的孩子，可以說是個天才；但就是因為父親不停地催逼他，一心想使他年紀輕輕便功成名就，結果他半途而廢了。

路德維希的父親親自教兒子高等教育，強迫他醒著的每一

分鐘都得學習。他的父親反對一切與學業無關的興趣，體育、遊戲以及對大自然的探索對他來說無足輕重。路德維希8歲時，父親就讓他上大學水準的數學課程；9歲時他就在學習微積分，並嘗試寫劇本了。他不斷跳級，僅花費三年的時間就修完大學課程，11歲大學畢業。他主修數學，大學教授們預言他會成為一名世界級的數學家。那時，他的父親非常高興，認為自己的教育方式是最成功的。可是好景不長，路德維希考上研究所一年後，對數學完全失去興趣，隨即轉入法律學院，但很快也對法律失去了興趣。最後他從事辦事員的工作，既不用思考，也不用負擔責任。

　　這兩個實例充分說明了過度地催逼孩子有百害而無一利。用這種方法教育孩子，別說稟賦一般的孩子了，就算是擁有出色稟賦的孩子也會走向毀滅。

幼兒是成人之母，從孩子一出生就開始教育

　　現在的主流思想是：兒童教育從7、8歲開始最適合；人們對這種理論確信不疑。除了這一理論外，還有一種讓很多家長感到非常擔憂的理念，那就是早期教育會影響孩子的健康成長。這是我跟主流觀念衝突之處。我的教育經驗是，幼兒是成人之母，教育必須從出生那天起就開始進行。

　　雖然有許多人反對我儘早開始教育孩子的觀點，但我仍然這麼做了。

　　曾經有人這樣問我：「卡爾，你真的從孩子出生起就開始培

養他了嗎？你難道真的對一個智商低下的孩子抱有如此之大的信心嗎？」

面對這樣的問題，我總是肯定地回答：「事實上，我的兒子卡爾，他從一出生就開始接受教育了。而且，我從來沒有對他失去信心過。」

我為什麼會有這樣的自信呢？因為我清楚地知道後天教育有著強大的力量。

從孩子出生到他 3 歲的這段時間，是非常重要的時期。孩子的大腦在這一時期接受事物的方式與他長大後截然不同。

嬰兒出生時不能夠分辨人們的面孔，但是過了三、四個月或再晚一些，他就能將母親與別人的面孔分辨出來。這並不是因為他對不同面孔的特徵進行了什麼理性的分析後才記住的，而是他藉由反覆觀察，將母親的面孔在他大腦中原封不動地做了一個「模式」。

嬰兒這種模式識別的能力，遠遠超出我們的想像。所以我們對於 3 歲以前的嬰兒，就要採取這種「模式教育」的方式。3 歲以前是可以對孩子進行「強硬灌輸」的時期，因為這個階段的嬰兒不會厭煩多次重複的事物。他們依靠動物似的直覺，能夠在很短暫的時間內掌握事物整體的模式，他們的這種識別能力，遠遠地超過了成人。由於他們的大腦還處於一張白紙的狀態，無法像成人那樣進行分析判斷，因此，可以說他具有一種不需要理解或領會的吸收能力。如果不把你認為正確的模式，經常地、生動地反覆灌入幼兒尚未具備自主分辨好壞能力的大腦中的話，他也會毫無區別地大量吸收壞的東西，從而形成不

良的習慣。

古語說得好：「三歲看老。」孩子 3 歲時，就已形成了長大之後一些基本性格的素養。如果我們仔細分析身邊的成人，都能毫無例外地從他們身上看到他們 3 歲以前的環境、身邊的人對他性格的形成及素養的影響。所以，模式時期決定了人的一生。

那麼，我們應該向 3 歲以前的嬰兒「強硬灌輸」些什麼呢？我想，主要有兩方面：首先，是要反覆灌輸像是語言、音樂、文字和圖形等奠定嬰兒智力的大腦活動基礎模式；接著，我們要輸入人生的一些基本準則及做人的態度給他。我的兒子卡爾被人們譽為天才，事實上，正如我前面所說，他在出生時並不聰明，完全是後天教育的成果。這裡我再描述一下細節，只有這樣，才會讓大家知道卡爾到底是不是所謂的天才。

我不是貶低我的兒子，而是實事求是地說，任何人看到小卡爾出生時的情形，絕不會說他是個天才；即使沒有生理學、醫學知識的人，也會直接認定卡爾是個並不聰明的孩子。卡爾比預計的時間早了一個月出生，這意味著他先天不足，因為沒有得到足夠的孕育。這個多災多難的小可憐出生時還被臍帶纏住了脖子，差一點就窒息而死。在醫生的搶救下，有了氣息，但是四肢抽搐，呼吸困難。醫生當時說了一句令我十分痛心、到現在仍記憶猶新的話：「這個孩子明顯先天不足，大腦看起來發育不完全。他今天是存活了，但是這對他自己、對你們卻不一定是好事。」醫生說的沒錯，小卡爾在嬰兒時期連本能的反應都極為遲鈍，像其他嬰兒那樣主動尋找母親的乳頭都不會，他

的母親沒有辦法，只能把奶擠出來餵他。

　　雖然兒子表現出先天不足，但我決定仍然按原計畫展開早期教育實驗。因為他的天賦不太好，我就要竭盡全力使孩子的稟賦發揮至九成、十成，以至更多。要達到這個目的，就一定要在看到他智力的曙光時就開始教育。

　　我之所以如此重視早期教育，並不是毫無根據的臆斷。科學家研究發現，人類天生就具有一種特殊的能力。當然，這種能力表面上是看不出來的，它隱藏在人體內，我們稱這種隱藏的能力為潛能。例如：一棵樹要是依照正常狀態生長，它能夠長 40 公尺高，雖然最終不一定能長到這麼高，但具有這個可能性。同樣地，一個孩子要是在理想的狀態下成長，可以成長為一個智商高達 100 分的人；所以父母要做的，就是竭盡全力為孩子提供這個理想的狀態。如果你做到了，你的孩子就能成為天才。當然，這不是一件容易的事情，就算樹具備長 40 公尺高的潛能，但是真的要長到那麼高還是不太容易，一般的樹長到 20 公尺左右也就差不多了；生長環境不好則長勢更差。不過如果精心栽培、施肥，也許能夠長到 18 至 21 公尺，甚至可以長得更高。同理，就算是一個天生智商為 100 分的孩子，假如完全不對他進行培養教育，最後頂多也就只能成為一個 30 分智商的人，達到原來智商的三分之一。不過要是培養得好，智商達到 70 分，甚至 90 分都不是問題；也就是說，可能激發其潛在智商的七成甚至九成。

　　讓孩子的潛力達到十成便是教育的理想。只要能夠充分發揮出這種潛在的能力，我們就可以做出偉大的事業。世界上為

什麼天才不多呢？就是因為沒有對兒童進行適當的教育，以至於孩子的潛在能力得不到充分的發揮。如果能儘早地挖掘、誘導孩子發揮出這種潛力，就能培養出偉大的天才了。

　　所以，對於父母親來說，生下一個健壯的孩子，僅僅是第一步，之後還會有很長的路要走，他們要承擔的責任也就更為重大。所以父母必須從孩子一出生，就對他們進行正確的教育。

▍充分發揮孩子的潛能

　　上文我們已經說過，潛能對孩子的智力發展有著決定性的作用，但是父母要特別注意一點，那就是：潛能有著遞減性。

　　例如：一個天生智商高達 100 的孩子，如果剛出生就對他進行理想的教育，那麼這個孩子長大後就是一個智商高達 100 的成人。但如果是從 5 歲開始對孩子進行培養，就算培養得很出色，孩子最終只能成為一個智商 80 的人。而要是從 10 歲開始對孩子進行培養，即使對他精心教育，孩子的智商頂多也只能達到 60。這就是孩子潛能的遞減法則。

　　這個法則告訴我們：對孩子進行教育開始得越晚，孩子的潛能就開發得越少。產生這一法則的原因如下：每個動物的潛在能力，都各自有著自己的發展關鍵期，而且這種發展關鍵期是固定不變的。當然，有的動物潛在能力的發展關鍵期很長，但也有的動物潛在能力的發展關鍵期很短。無論哪一種，如果不讓它在發展關鍵期發展的話，那就永遠也不能再發展了。

　　比如小雞跟隨母親的潛能，其發展關鍵期是在出生後的 4

天內，要是在這段時間內不對這種能力進行開發，這種潛能就永遠不會得到發展了。因此倘若將剛出生的小雞，在最初 4 天內不放在母親的身邊，牠就永遠不會再追隨母親了。小雞「辨別母親聲音的能力」的發展關鍵期大致在出生後的 8 天之內，如果在這段時間裡不讓小雞聽到母親的聲音，那麼這種能力也就永遠消失了。小狗「把吃剩的食物埋在土中的能力」的發展關鍵期也有一定期限，如果在這段時間裡，將牠放在一個不能埋食物的房間中，那麼牠的這種能力也就永遠不會具備了。

我們人類的天賦同樣如此。英國司各特伯爵的兒子就是一個典型的例子。有一天，司各特伯爵夫婦帶著他們剛出生不久的兒子去旅行，航行至非洲的海岸時，遭到大風暴的襲擊，船被海浪推翻，除了司各特伯爵一家三口幸運地飄到了一個島上外，船上其餘人全都葬身海底。他們三人所處的是座無人島，島嶼上有一片熱帶叢林。因為無法適應叢林裡的生活，司各特伯爵夫婦不久便身染疾病相繼去世，只剩下他們剛出生不久的兒子小司各特孤零零地活著。後來，一群猩猩收養了奄奄一息的小司各特，再後來，他就跟著這群動物父母成長。

20 多年後，一艘英國商船碰巧在這個小島邊拋錨，人們在小島上偶然發現了這個已經長成健壯的青年，看見他正跟一群大猩猩們一起玩耍。此時的小司各特已經不會像人類一樣走路，也不懂人類的語言。他只會像猩猩那樣靈巧地攀爬跳躍，在樹枝間飄來盪去。人們將奇特的小司各特帶回英國，引起了巨大的轟動。

科學家們對這個不會人類語言及行為的小司各特產生了濃

厚的興趣；他們像教育嬰幼兒那樣去教導小司各特，以便讓他學會人類的各種習慣與能力，使其重返人類社會。科學家們花費了將近十年的時間，小司各特終於學會了說話、自己穿衣服及用雙腿走路。不過小司各特身上還是留有一些猩猩的習性，有時仍習慣爬行、不會說連貫的話語，想要表達情感及意願時更喜歡像猩猩那樣吼叫。

　　之所以會出現這種情況，就是因為學習語言能力的發展關鍵期是在人類的幼兒時期；而小司各特當時已經二十多歲了，他錯過了學習語言的最佳時期。

　　以上的事例都說明，兒童的潛在能力是有著遞減法則的。

　　教育孩子的第一要旨就是要防止這種潛能的遞減。這種遞減主要是由於孩子得不到發展其內在潛能的機會而導致，所以教育孩子最重要的便是及時給孩子發展其潛能的機會，儘早讓孩子把這種能力發揮出來。

第三章
抓住孩子智力發展的最佳時期

▌孩子的飲食要適度

對孩子進行怎樣的教育才能儘早發揮孩子的能力呢？方法其實不難，如果嬰兒感覺到了你的關心與撫愛，這就說明你已經在教育他了。這種教育訓練要在細節上下功夫。孩子渴了要讓他喝水，孩子餓了要餵奶，孩子尿布溼了要馬上更換……家長要隨時隨地消除孩子的不愉快，以最敏銳的感覺去感知孩子的需求。父母成功的開始就是可以準確地知道孩子的需求，這也是家長跟孩子建立起來第一座成功的橋梁，它會為日後家長教育及培養孩子提供良好的感情基礎。

從兒子四個月大起，吃母乳前，我都會先餵他點蜜柑，後來又添加香蕉泥、蘋果泥、紅蘿蔔泥、青菜粥等等。一段時間之後，開始餵他喝湯，吃煮熟的雞蛋、馬鈴薯。大多數孩子愛吃穀類，這是對他們最好的食物；不過，我的兒子卻不愛吃。我認為愛吃的食物才是最好的食物，所以只讓他吃喜歡的食物。但是在他 2 歲之前，我絕不讓他吃肉。

德國有句古老的格言，意思是「人的性格取決於食物」。食物與人的性格有很深的關係。曾經有人主張「菜食療法」，他們說選擇不同的食物，就能使孩子形成不同的性格。要是讓孩子多吃一些紅蘿蔔，他的牙齒跟皮膚就會變得更健康；讓孩子吃四季豆，就可以發展他的美術興趣；多吃馬鈴薯可以提高他的推理能力；多吃豌豆則容易讓性格變得輕率；多吃高麗菜和花椰菜會讓孩子思想簡單。家長懂了這些後，可以讓對美術不感興趣的孩子多吃四季豆；讓討厭數學的孩子多吃馬鈴薯；性格不穩重的孩子禁吃豌豆，粗暴的孩子禁吃高麗菜。

卡爾剛出生的半個月裡，我跟妻子堅持定時餵孩子喝奶跟水，讓他的生理時鐘形成規律。直到他能吃飯後，正常的兩餐之間仍然只允許他喝水，不能吃別的東西；這樣可以讓孩子的胃得到良好的休息，避免血液總是在胃部工作，而不是集中在腦部。要是讓兒子的所有精力只用於消化食物，大腦就不能得到良好的發展。進食過多除了妨礙孩子的智力發展外，還容易使他得腸胃方面的疾病，不利於身體健康。有人說：「胃的好壞可以決定一個人是成為樂天派還是厭世者。」不健康的胃會讓孩子感到鬱悶與不愉快，胃不好的孩子必定感受不到健康孩子的幸福。所以我嚴禁卡爾吃過多的零食點心，即便是為了給兒子補充營養，也要在規定的時間內吃。

　　很多人以為教育孩子就是教他們讀書、認字、學習知識，但這些僅僅是教育中不可或缺的一部分。在我看來，一個孩子從初生嬰兒漸漸長大成人，這個過程中的各方面都可以納入教育的範疇。

　　遺憾的是，直到現在，仍有許多父母，包括教育專家，都沒有了解到這一點。

　　比如說孩子吃東西這件事情，人們總以為吃得越多就越有益於健康；其實真相並非如此。

　　吃得太多，必然有礙大腦的發展，還會使孩子從小大腦就充滿「吃能解決一切問題」的概念。因為對嬰兒來說，最令他難受的除了生病之外就是飢餓。如果嬰兒一餓就餵他大量的食物，讓他吃得太飽，就會使他認為吃東西、填飽肚子是排除難受之感的唯一途徑。在他長大之後，這種「吃」就會轉化為過於

依賴物質的概念。

　　我之所以這麼說，並不是要求父母限制孩子所需的食物，而只是想提醒那些疼愛孩子的父母：凡事都要有個限度，包括吃東西。

　　有次，我看見妻子正在餵卡爾牛奶，便走了過去。

　　「怎麼回事？剛才不是已經餵了嗎？」我問道。

　　「是沒錯，可是我看到他在哭，於是想讓他再喝點牛奶。」妻子說道。

　　「不能這樣，卡爾剛才就已經飽了。」我從妻子手中奪過奶瓶，「他沒有再吃任何東西的必要，至少他現在還不需要。」

　　由於突然失去了美味，卡爾「哇——哇——」大哭起來。

　　「你這是在做什麼！」妻子不悅地說。

　　就在這時，卡爾的外祖母走了過來。

　　「上帝呀！你怎麼能這樣對待這個可憐的孩子。」她大聲地抱怨起來，「嬰兒肯定是要喝牛奶的，為什麼禁止他喝？這孩子自從生下來就那麼不幸，為什麼還要如此對待他呢？哦，可憐的孩子！」

　　「我沒有禁止他喝牛奶，只是認為他現在沒有喝的必要。」我解釋道。

　　「你總是說要把卡爾培養成才，可是不讓他吃飯，他怎麼成才呢？你整天大談教育，我看那些都是華而不實的東西。」卡爾的外祖母生氣地說。

　　針對卡爾外祖母的不理解，我當時並沒有再繼續解釋下

去。因為對於這樣一位富有愛心的婦女,我怎麼能與她爭辯呢?

這件事情過去之後,我認真地向妻子講明道理,告訴她疼愛孩子並非是一味地呵護他、一味地順從他,我們應該以謹慎的態度來對待孩子的培養及教育。

妻子向來都是很明白事理的,懂了其中的道理之後,她就不再像以前那樣過度地順從孩子了。

或許有人會說我的這種做法實在太過分,但不管怎麼樣,我認為自己的做法是沒錯的。因為培養優秀的孩子,正是要從生活中這些點點滴滴的細節做起。我們絕對不能忽視任何一點,即使是那些看起來微乎其微的東西。

吃東西只是一個例子。實際上,家庭教育無處不有,無時不在。只要父母用心體會、細心發掘,就會發現在我們跟孩子相處的日常點滴中,有許多細節值得捕捉、值得利用。一個不經意的舉動、一個表情、一個手勢、一個眼神,雖無聲卻飽含智慧;這些細節或許就能改變孩子的一生。

因此,對孩子的教育應該從注意孩子的一言一行、一舉一動去培養、塑造、要求,從細節上滿足他們的需求,從而潛移默化地培養出一個優秀的孩子。

▍保持孩子快樂的心情

很多人看到卡爾後跟我說:「這孩子體格太好,不像個天才。」在他們看來,天才往往是體弱多病的人。然而,他們的這

種觀念是毫無根據的。他們忘了這樣一句諺語：「健全的心靈寓於健全的身體。」

不可否認，有的天才的確體弱多病，但並不代表凡是天才就一定如此，這種看法是不對的。那些病弱的天才如果健康，一定會成為更加優秀的人才。而且身體健康的天才人物也不少，像是：路易士、韋伯斯特、約翰·衛斯理、布萊恩、亨利·比卡、卡芬、林德、阿德瑞娜·巴奇、珍妮、莎拉等等，這些人不但身體健康而且體格強壯。

兒子的健康之所以使人們感到驚訝，原因在於我從嬰兒期就開始對他進行體能訓練。

我認為，身心的愉快是健康的關鍵。

首先，我將兒子周圍的環境布置得非常溫馨和諧。如果周圍的氣氛陰鬱，孩子必然會消化不良、身體不健康。因此，孩子居住的房間從最初就應該是讓人心情愉快的。

其次，孩子應該從小就生活在讓人心情愉快的環境裡。我和妻子經常在天氣晴朗時帶卡爾到田野裡遊玩，讓兒子盡情地感受並陶醉在綠色的原野中。我時時刻刻注意讓孩子的身體可以自由地活動，不將他用布包裹起來，以免妨礙他的手腳自由活動，也不給卡爾圍任何會將嘴臉弄得變形的圍巾。

天氣好時我經常讓他在屋外睡覺，以便享受日光浴、呼吸新鮮空氣。當他在屋內睡覺時，在潔白的床上鋪鴨絨褥，便於他的手腳自由活動，因為這種活動就是嬰兒的運動。記住，嬰兒睡覺時不要將他像布娃娃那樣裹得緊緊的、密不透風。

兒子一個半月大的時候就已經像滿四個月的孩子了，體格

特別地健壯，這主要是我們讓他呼吸新鮮空氣，並且經常運動的良好結果。我們在卡爾只有兩、三個星期大時，就開始教兒子兩手握在光滑的木棍上做懸垂運動。生物學中的理論講述道：「整體發育就是個體發育的短暫重複。」因此，嬰兒是完全能夠像猴子一樣在木棍上吊單槓的。需要注意的是，最好不要強迫嬰兒這樣做。

有一天，我和妻子去教堂做彌撒。家中只剩下女傭柯蒂女士和卡爾。柯蒂女士是個非常善良的女人，她總是細緻入微地照顧卡爾。

然而，當我和妻子回到家，看到的情況卻讓我們十分氣惱。

原來卡爾被結結實實地裹在了被子裡，滿臉通紅，正在「哇——哇——」大哭。

「到底是怎麼回事？」我連忙問，「柯蒂，卡爾生病了嗎？」

「沒有。」柯蒂女士說，「因為今天天氣實在太冷，我怕他著涼，所以不僅把家裡的爐火燒旺，還幫他裹上厚厚的被子⋯⋯」

「啊，我的上帝，妳可真蠢！」我忍不住罵了柯蒂女士。

「怎麼？難道我做錯了嗎？」柯蒂女士顯然覺得非常委屈。

「天哪，妳沒看見卡爾不喜歡這樣嗎？」我說，「這樣讓他很難受。」

我一邊說著，一邊把裹著卡爾的被子打開，讓他自由地活動。

「這會讓他生病的。」柯蒂女士焦急地說。

「你別把孩子凍壞了。」妻子也連忙出言制止。

可是，我根本不顧她們的阻攔，仍然讓小卡爾在床上自由自在地活動，只是在壁爐裡多加了一些柴火。

剛做完這一切，卡爾就不再哭了，他顯得非常高興、非常滿意。

在這個世界上，大部分人都是疼愛孩子的，可是，懂得怎樣疼愛孩子的人並不多。

我也知道柯蒂女士是一番好意，但她的做法卻大錯特錯。

原因在於，一個健康的人需要的是自由而不是束縛，哪怕這種束縛看起來是為了讓他更舒適。

我對卡爾進行培訓的另一種運動就是讓他握住我的手指，嬰兒天生就有抓握反射，兒子就像吊單槓那樣使勁拉起自己的身體。等到孩子不再有抓握反射時，他的手臂已經鍛鍊得很有力了，這為他之後的爬行訓練奠定了良好的基礎。我還培養兒子愛洗澡的習慣，孩子一般不願意在水溫過低或過高的情況下洗澡。我一直很仔細地調節水溫，我跟妻子天天都幫卡爾洗澡並且按摩四肢，這種做法既可以促進他的血液循環及肢體的靈活度，也可以發展他的觸覺。卡爾1歲的時候，我們就開始教他洗臉、刷牙及洗手，每天都要求他在用餐前洗手，早上起床和晚上睡覺前刷牙。吃完麵包後，也讓他去刷牙，而且還讓卡爾從小就養成用手帕擦鼻涕的好習慣。

就這樣，經過營養與體能兩方面的精心培育，卡爾從出生時體弱多病的嬰兒，變成了一個健康強壯的孩子。

訓練五感，刺激大腦發育

為了教育好兒子，我決定從訓練他的聽覺、視覺、味覺、嗅覺、觸覺這五感和促進大腦的發育開始。五感是人類感知外部世界的生理基礎，充分刺激孩子的感覺器官，能夠促使大腦各部分機能積極活動，形成積極的條件反射，調節大腦的各種功能。一旦孩子的感覺器官得到最大程度的發揮，他就能成為聰明伶俐的人。

嬰兒的聽力往往比視力發展得要早，所以在孩子的五感訓練中，首先要訓練他的聽力。母親的悅耳歌聲在訓練孩子的聽力時是非常重要的。卡爾在這方面很幸運，因為我的妻子有很好的嗓音。還在妻子肚子裡時，他就經常能聽到母親那美妙動人的歌謠。我雖然不會唱動聽的歌曲，但是卻經常朗誦詩歌給孩子聽。

卡爾滿六週後，我就對他輕輕地朗讀維吉爾的詩《艾尼亞斯紀》，效果非常好。每當我朗讀此詩時，卡爾便會馬上靜下來並且很快地進入夢鄉。隨著讀詩語調的轉變，卡爾的反應也跟著變化。當朗讀麥考利的《在橋上的豪拉提烏斯》時，他就興奮起來；朗讀丁尼生的〈他的夢想〉時，他又安靜下來。如此教育後，孩子在滿週歲時就能背誦《艾尼亞斯紀》第一卷的前十行了。需要指出的是，這樣讓孩子背詩絕不是強制性地灌輸，而是一種順其自然。

為了使兒子擁有音樂的概念，我為兒子買來能發出樂譜上七個音的小鐘，分別拴上紅、橙、黃色等。每當兒子在餵奶前

醒來，我就敲這些鐘給他聽，並把鐘慢慢地左右移動，吸引他的注意力。兒子還不到六個月時，就能按照我說的名稱 —— 青色鐘、紫色鐘等準確地敲了。我認為，這是同時形成聲音及顏色觀念的有效方法。

有效地訓練視覺能力也是開發孩子智力的重要一步。卡爾出生兩、三週後，我買了一些五顏六色、鮮豔奪目的布製小貓、小狗、小鹿給他，並把它們擺放在孩子四周，以移動玩具來刺激他的視覺。我還經常讓卡爾看三稜鏡在牆壁上折射出的彩虹。他非常喜歡看，只要看見彩虹就立刻不哭了。

在味覺方面，我讓卡爾品嘗不同的味道來培養他的味覺能力，不過糖和鹽吃太多不利於身體健康，所以我們堅持吃清淡的食物。這樣的飲食既能夠保持兒子味覺的靈敏，又能夠防止他養成愛吃糖和鹽的不良習慣。

卡爾滿月以後，就可以自己抬起頭來了。於是，我用手輕輕地推著他的小腳，教他爬行。家長一定要儘早教會孩子爬行，因為最適合嬰兒的活動姿勢就是俯臥。孩子在爬行時，小腦袋就必須抬高，頸部的肌肉發育得快，便能夠自由地觀察周圍的事物，也同時增加了各種感官接收刺激的機會，這樣就可以很好地促進孩子的大腦發育，讓他變得聰明。

繪畫在開發孩子智力的過程中有著重要的作用，能在善於繪畫的父母培養下成長的孩子是非常幸福的。我了解一點繪畫的技術，便準備了許多美麗的花草及鳥獸的畫給兒子看，還讓他看有美麗插畫的圖書，並讀給他聽。雖然，他看起來什麼都不懂，但總是能安靜地聽著，這代表兒子已對我的聲音及畫的

顏色開始感興趣。除此之外，我還經常把與兒子談話的內容繪成圖畫，來增強兒子的智慧。

為了培養孩子對色彩的感知，我買了一些五顏六色的美麗小球、木片，以及穿著鮮豔服裝的布娃娃，用來跟孩子玩遊戲。請記住：這麼做對孩子來說是很重要的，如果不在孩子嬰兒時期就開始發展他對色彩的感知，那他以後在這方面將會非常遲鈍。

蠟筆也是非常好的玩具。我經常用它與孩子進行「顏色比賽」遊戲。我先用紅色蠟筆在紙上畫一條約 3 公分長的線，然後，讓孩子也用紅色蠟筆畫一條同樣長度的平行線。接著，在他畫完紅色線之後，我再用青色的蠟筆接上相同長度的線，讓孩子如法炮製。這樣連續畫下去，若卡爾使用的蠟筆與我所用的顏色不同，遊戲就以孩子的失敗宣告結束。

卡爾會走路以後，我就經常帶他去散步，並讓他注意天空的顏色、樹木的顏色、花朵的顏色、原野的顏色、建築物的顏色及人們服裝的顏色等等，這都是為了發展他的色彩感知。

此外，為了培養孩子的觀察力，還要讓他注意某些事物，以養成敏銳地觀察事物的習慣。我透過跟兒子玩一種叫「注意看」的遊戲來達到這一點。每當路過商店的門前時，我就問兒子這個商店的櫥窗內陳列著哪些物品，並讓他在記憶中搜尋這些物品。兒子能說出的物品當然越多越好，但如果兒子記住的物品沒有他應該能記住的多，就要被指責。

這種教育方法也是訓練記憶力的好方法。因為堅持這樣的訓練，所以兒子年僅 2 歲時，就已經記憶超群。有一天，我帶

兒子到專賣雕刻仿製品的商店去買雕刻品，卡爾將整個商店的作品都瀏覽了一遍，然後對店員說：「這裡怎麼沒有賣〈麥第奇的維納斯〉和〈米洛的維納斯〉呢？」兒子說的話讓店員感到很吃驚，他完全沒有想到這麼小的孩子也能知道這兩幅名畫。

鑑於嬰兒的注意力不易集中，我藉由生動有趣的物品教會兒子各種形容詞。在卡爾出生後的第六週，我買了些紅色的氣球給他，用短繩把氣球綁在他的手腕上，氣球便隨著手的擺動而不停搖動。後來，又每週給他換一個其他顏色的氣球。透過這個遊戲，便能輕而易舉地教他紅的、綠的、圓的、輕的等形容詞，而且孩子非常喜歡這一學習方式。

利用這種學習方法，我還讓卡爾拿著貼有砂紙的木片及其他物品，教他粗糙、光滑等形容詞。當然，這種教育方式也會帶來一定的負面效果，如嬰兒愛把手上的物品放進口中。不過，只要父母注意，就可以避免孩子養成這種習慣。

另外，盡量讓孩子的手發揮多種功能，對於培養孩子的觀察能力具有巨大的影響。嬰兒認識自己的手要花費較長的時間，為了讓孩子儘早發現自己的手，只有讓他的手有事可做才能夠辦得到。

每當兒子醒來，小手鬆開的那一刻，我和妻子就趕緊讓他抓點東西。平時多活動活動兒子的手指，經常讓兒子觸摸東西及拍手。

此外，我還常常誘導卡爾觀察我的手，讓他明白手的很多功能。當我拿著小鈴鐺晃動，兒子也會跟著高興地揮舞著手臂。卡爾八、九個月大時，我拿著一支蠟筆跟一張紙，也給兒

子一模一樣的東西。然後我在紙上繪畫，小卡爾看見了也用筆在紙上亂畫。其實他並不知道該怎麼畫，什麼東西也沒有畫出來。但是，兒子透過自己的觀察，已經開始發揮手的作用了。

在這裡，有一點需要特別指出，我對卡爾進行這方面的訓練時，絕對不會強迫他去做任何事情。家長需了解這一點非常重要：孩子應該自然地發揮他的潛力。我之所以對兒子進行各種培養方法，就是為了不白白浪費掉他的潛力。由於實施了這樣的教育，讓兒子總有事情做，他絕不會因無事可做而去含手指頭，也不會因無聊而沮喪，甚至哭泣；相反地，他從一開始就往健康的方向成長。

▎儘早向孩子灌輸詞彙

根據兒童潛能的遞減性法則，一個人在成長過程中具有智力發展的最佳時期，家長千萬不可錯過。因為它對孩子一生的智力發展有著決定性的作用，要是可以把握好這個最佳時期，對孩子早期的智力開發就會有很大的幫助。3歲以前是幼兒語言發展的黃金時期，家長想要孩子儘早懂得語言，就必須知道這一點。兒童越早學會語言越好，語言是區別人類與動物的重要標誌，語言既是進行思考的工具，也是接受知識的工具，沒有這個工具，孩子就不可能得到任何知識。

我們人類之所以優於其他動物，其主要原因就是使用了其他動物所不具備的語言。所以，為了讓孩子更好地發揮潛力，就必須及早學習語言。

　　許多父母挖空心思地給孩子吃好的、喝好的、特別關注孩子的身體發育，可是當我提出須採取行動發展孩子的頭腦時，他們卻感到訝異，認為不可能。其實做父母的只要稍加留意就會發現，嬰兒對人的聲音及物品的聲響非常敏感。這說明，早期開始教孩子語言是可行的。那麼要早到什麼時候呢？我主張從孩子半個月大的時候，就開始灌輸詞彙，在孩子剛會辨別事物時就教他說話。

　　卡爾半個月大的時候，我在他的眼前伸出手指頭，卡爾看見後就想要抓住它。起初他因為看不準總是抓不住。後來他費了很大的力氣終於抓到了，他很高興，就將我的手指放到他的嘴裡吃了起來。在這種情形下，我就用清晰且親切的聲音反覆地告訴兒子這是「手指」。

　　就這樣，在兒子剛剛有了辨別能力時，我就拿很多東西給他看，同時用和緩清晰的語調重複東西的名稱。沒過多久，兒子就能清楚地說出這些東西了。

　　只要卡爾醒著，我們不是在跟他說話，就是在輕聲唱歌給他聽。當他的視線停留在床上吊著的彩色紙花上時，我會不厭其煩地重複著：「紅紙花、黃紙花……」如果我在做事，我也會用親切的語調對他說話，告訴他我正在做什麼。

　　我認為，只要是做過父母的人都應該有這樣的體驗：當聽到孩子開口說第一句話時，一定會感到無比興奮與喜悅。然而，據我所知，許多父母在這種激動之後並未對此謹慎地思考一番。

　　孩子有能力開口說話，這證明孩子真正的學習已經開始，

這時，給孩子什麼樣的資訊便是最重要的事。

在教孩子語言的過程中，我總結了以下一些有益的經驗，現在將它公布出來。

（一）發音正確

剛開始學說話時，孩子的發音一定不會完全準確，這時，教孩子正確的發音就是這一階段的頭等大事。否則，等孩子習慣於不準確或含糊不清的發音之後，再想予以糾正就很難了。

從孩子發出第一個單音節字母「f」、「a」開始，我就不厭其煩地教他「fa-fa」、「ma-ma-ma」等等。而當教孩子發「ma-ma-ma」時，如果他回應了，儘管不是很清晰，我們仍舊給予他足夠的鼓勵。

（二）從周圍的實物開始

我有這樣的體會：學習外語單字，在讀有趣的文章時背單字比單純死背來得有效。有一段時間，為了以後教孩子，我下定決心要學好英語，於是把韋伯斯特的迷你小辭典抱在懷裡從頭背下去，但卻總是隨記隨忘，並沒有多大效果。成人尚且如此，何況是孩子呢？只是填鴨式的強硬灌輸，非但達不到目的，反而有害。

由此可見，教孩子說話，不是一件輕而易舉的事情，非下狠功夫不可。在卡爾稍大一些後，我和妻子就教孩子餐桌上的餐具和食物、身體的各個部位、衣服的各個部分、室內的器具和物品、房子的各處、院子裡的花草樹木等所有能引起他注意的實物名稱。總之，看到什麼教什麼，當然，也教動詞和形容詞，逐漸豐富他的詞彙量。

（三）用講故事的方法來加強兒子與世界的親和力

當卡爾能夠聽懂話的時候，我跟妻子就每天講故事給他聽。講故事給幼兒是一項非常重要的教育，因為嬰兒對這個世界很陌生，可以說是一無所知，所以越早讓孩子了解這個世界越好。為了培養兒子對這個世界的親和力，最好的做法當然是講故事，而且講故事還能夠鍛鍊卡爾的記憶力，啟發想像力和增加知識。家長在傳授知識的時候若只是一味死板地教，孩子是不容易記住的。最好是採用講故事的形式來教孩子，這樣的話，孩子不僅喜歡聽而且還容易牢牢記住。可以說，用講故事的方法來教育孩子是最有效的教育方法之一。

（四）盡快豐富孩子的詞彙

如何學習詞彙？我的信念是：要想有清楚的頭腦，首先必須有明確的詞彙。為此，我不是只讓兒子停留在孩童式的表現方法上，而是教他逐步了解和使用複雜的措辭，並且為求用法生動準確，絕不使用模糊不清的詞語。要做到這一點，家庭成員一定要互相配合，不要一個嚴格要求，一個卻縱容孩子。為此，我和妻子很有默契地配合，而且以身作則，在平時便堅持力求發音標準，合乎文法，精選恰當的詞彙。

卡爾年紀還小，那些比較難的詞彙就算解釋了，他也不一定能完全懂。但是這樣做的目的並不是讓他立刻就了解或記住，而是要用「解釋詞彙」這種行為本身，來教會兒子學習的方法與態度。要是家長在教授知識的時候碰到難題就躲開，就會讓孩子養成不求甚解的不良習慣。

（五）反對教孩子不完整的話語及方言

有些父母教孩子「奶奶」（乳房）、「汪汪」（狗）之類的詞彙。我對這種做法感到遺憾與氣憤。因為這些語言對孩子的語言發展有害無益。誠然，孩子學不完整的話語和方言會更容易一些，因此許多父母也就認為孩子的語言從這些學起並無大礙；但是我經過實驗發現，孩子在 2 歲左右時，若能緩慢、清晰地教他說正式的語言，一般來說孩子都可以發出音來。雷馬克曾說過：「一件物品要是不去使用，那就很難去評價它的作用跟價值了。」同樣的道理，家長要是不教給孩子他們本來完全可以掌握的東西，孩子們的天賦就得不到良好的發展，這是世界上最愚蠢的事情了。

　　家長要是只教幼兒說「汪汪」這類不完整的詞彙，雖然孩子學起來會容易一些，但卻同樣會造成他們的負擔。正式的語言規範是孩子學習語言的過程中早晚要學的課程，那些不完整的語言是孩子們將來必須拋棄的東西。讓他們學說兩種不同模式的語言，必定給孩子造成雙重負擔，這種教育方法是非常不理性的。孩子完全能夠用那些學不完整語言的精力，去學習一些別的知識，根本不需要把寶貴的時間浪費在這些無益的詞彙上。所以家長一定要懂得教會孩子說完整的語言，避免浪費孩子們寶貴的時間。

為了儘早開發孩子的記憶力、創造力及想像力

　　我所做的一切，都是為了能儘早開發兒子的記憶力、想像力及創造力。這三方面關係著他日後能否取得成就。但是要

注意一點，切忌對孩子進行機械式訓練，那樣做不會有任何效果，而應該採取一些生動有趣的做法。

記憶力是智力重要的組成部分。一位科學家曾說：「一切智慧根源於記憶。」而根據記憶力「用進廢退」的原理，早期的記憶力訓練對孩子的一生都有好處。特別是嬰兒時期，每天教孩子相同的詞，可以不斷刺激孩子大腦的詞庫，促進其記憶力的發展。

為了方便兒子記憶，我把神話、《聖經》中的故事，以及各國歷史相關的內容編寫在紙牌上。簡單地說，這種方法就是先講故事，然後把這些故事編成紙牌，用遊戲的方法教。我們有時還一起讀一些有意思的書，並歸納要點。

卡爾很小的時候，就樂於用韻文來記憶生活中的各種趣事，因為韻文比散文容易記。在他8歲時，我曾用骨頭教他生理學。有一次，他趁我外出旅行，就用韻文寫下了已記住的骨頭、肌肉及內臟的名稱。我回來時，大為驚奇。

對歷史事件的記憶，我大多在兒子讀過之後用戲劇的形式演出，這樣就容易記住了。而學校教的歷史課，則完全是照本宣科，形式呆板，味同嚼蠟，毫無趣味；難怪學生會厭惡它，記不住也是理所當然的了。

創造力是一種比較抽象的能力，並不容易培養；但只要方法得當，就會使孩子的創造力得到很好的保護和發展。為了培養兒子的創造力，我鼓勵他多動手、多思考、多提問。不管他問什麼，我都認真耐心地回答。

在卡爾1歲多時，如果不是拿起某種材料或玩具就扔，而

是專心致志地玩，我們就會及時誇獎他、跟他一起盡情地玩。如果他的玩法出乎我們意料，那麼我們不僅會及時誇獎他，還會鼓勵他多想幾種玩法。

在卡爾 2 歲時，他的母親每天像上課一樣為他講故事。像報紙上的連載小說一樣，每次講到精采部分，她就：「且聽下回分解。」這並不只是能吸引卡爾繼續聽，而且能激發他想像後面的故事，讓卡爾不得不絞盡腦汁地猜想可能的情節。第二天，再讓卡爾說出自己的猜想，然後才接著講故事。如果兒子猜中了，我們就高興地歡呼；如果兒子沒猜中，他的母親就會誇獎說：「天啊，我兒子編得比故事本身還好呢！」兒子的創造力就在這種訓練中不斷培養起來。

想像力，使人們生活得更加有趣、更為幸福。不會想像的人，是不會懂真正的幸福的。貝魯泰斯曾說過：「想像是人生的肉，若沒有想像，人生只不過是一堆骸骨。」

那些沒有風趣的老古董做什麼都只論事實，排斥想像。他們甚至把聖誕老人與仙女從家裡攆走，認為他們是荒誕不經的。他們這種呆板的生活態度也對應到對孩子的教育。他們認為歷史上的傳說及不合情理的兒歌對兒童有害無益，他們更無法理解傳說及兒歌能夠陶冶孩子的品德。

其實，孩子之所以懂得愛護動物，具備初步道德常識，從小樹立遠大理想，都是受益於傳說及兒歌。沒有了想像，即使是大人，生活都會變得索然無味，更何況孩子呢？對孩子來說，攆走聖誕老人與仙女無異於趕走朋友及丟棄玩具，太殘酷了。

　　如果一個孩子在小時候想像力便得不到發展，那麼他不但不能成為詩人、小說家、雕刻家、畫家，甚至不可能成為建築家、科學家、數學家、法學家。有人認為當數學與科學家用不到想像，這實在是最愚蠢的想法。想像對於任何人都有著重要的意義。

　　凡是年幼時就充分發展了想像力的人，即便當他遭到不幸，也能感覺幸福；當他陷於貧困時也能感到快活。可以說，世界上最不幸的人，就是不善於想像的人。

　　很多人排斥神話，認為它們沒任何價值，我卻不這麼認為。據我觀察，懂神話的孩子和不懂神話的孩子同樣眺望天上的星星，但是所得到的感觸完全不同。

　　此外，孩子缺乏社會經驗，不懂區分善惡，講述傳說及唱兒歌則是教他們區分善惡的好方法。我經常講傳說、唱兒歌給兒子聽，告訴他大自然是仙女居住的可愛世界。因此，他從小就愛大自然。同時，他還從傳說及兒歌中學到了許多優秀的道德和特性，如正直、親切、勇敢等。

　　為了發展兒子的想像力，我不僅向他講述已有的傳說及兒歌，還講述自編的故事，進而讓他自己也講述自編的故事，並鼓勵他寫成文章。

　　我還和兒子各自交了一個想像出來的朋友，一個叫納利，另一個叫露西。我們倆單獨在一起時，就會請出這兩個想像的朋友，4個人一起玩。所以，兒子在任何時候也不感覺無聊、苦惱。好笑的是，有一次保姆對我說：「先生，卡爾好像有些怪異，他似乎是在和幽靈玩。」

　　有的父母不了解孩子們的想像世界，他們為了收拾房子，往往沒跟孩子打過招呼便破壞了孩子的遊戲。這就無情地摧毀了孩子的精神世界。

　　這一舉動的危害性在於，這不僅掠奪了孩子的幸福與遊戲的歡樂，還阻礙了孩子將來成為詩人、學者、發明家……的可能性。所以，聰明的父母，請不要因為輕率的舉動而毀掉孩子的未來！

第三章　抓住孩子智力發展的最佳時期

第四章
教育孩子要有正確的方法

▌用遊戲的方式教育孩子

透過嬰兒時期的教育，卡爾顯得比同齡的孩子更聰明、更機靈、反應更快，各方面能力也更強。有了良好的智力基礎，在卡爾 2 歲時，我就教他認字，當然，並不是強迫他學。我一貫主張不強迫施教。

我認為，無論傳授什麼知識，首先一定要盡力喚起孩子的興趣，孩子一旦有了學習的興趣，就可以獲得事半功倍的效果。而運用遊戲的方式對孩子進行教育，就是喚起孩子興趣的最佳方法，其良好效果在卡爾的早期教育裡已得到充分的證明。

遊戲是動物的本能，所有動物都喜歡遊戲。小貓戲弄老貓的尾巴，小狗和老狗互相撲咬玩耍等等，這都是動物的遊戲。根據動物學的解釋，小貓戲弄老貓的尾巴是為了培養小貓捉老鼠的能力，而小狗和老狗互咬也是為了培養小狗將來能咬死野獸的能力。

在卡爾滿六個月的時候，我就採用遊戲的方式進行教育。我在卡爾的房間四周約 1 公尺高的地方貼上非常厚的白紙，然後，在白紙上黏貼用紅紙剪成的文字及量詞，在白紙的其他地方有序地貼上小狗、小貓、小豬、帽子、桌子等簡單的單字。在另一邊貼上相應的數字，還畫了五線譜。

因為嬰兒的聽覺比視覺發達，我決定從聽覺入手。在教孩子 ABC 時，當我指向某一字母，妻子就像唱歌似地唱給卡爾聽。當然，因為畢竟只是六個月大的嬰兒，所以他感覺就像聽耳邊風似的。但我和妻子並不洩氣，天天唱給他聽、指給他

看，相信堅持下去就會有效果，後來孩子能夠輕鬆認字就證明了這一點。

有了前面的這些成功經驗，在教卡爾認字時，我同樣使用了遊戲法。為了喚起卡爾認字的興趣，我買了很多兒童書及畫冊，有趣地講給他聽，用一些帶有鼓勵的話語來激發他幼小的心靈，像是：「如果你能認字，這些書你就都能讀懂。」之類的話語。有時，我會對卡爾說：「這個畫上的故事非常有趣，可是爸爸現在很忙，沒有時間講給你聽。」這樣反而能激發孩子一定要認字的想法及心願。

等到認字的欲望產生以後，我才教他認字，並用前面講到的遊戲法教他。我先在打字社買了 10 平方公分的德語字母印刷體鉛字、羅馬字及阿拉伯數字各 10 套，再把這些字貼在 10 平方公分的板子上。一開始是從母音教起，接著以「拼音遊戲」的形式在玩耍中教他組字。舉例來說，就是先讓他看畫冊上貓咪的畫，同時教「貓」的拼法，然後指著牆壁上的「貓」，反覆讀。接著，選出組成單字「貓」的所有字母，用這些字母拼成「貓」的單字。我和兒子一起「玩遊戲」，他邊學，我邊誇獎和鼓勵。而且，我並不急於求成，反而是常常讓卡爾適度地、漸進地練習，循序漸進，慢慢掌握這些單字。

此外，我還製作了很多小卡片，在上面畫上一些憨厚可愛的小動物、花草樹木及房子等，在下面標出名稱。然後把這些卡片貼在餐廳、廚房、客廳和兒子臥室的牆壁上，讓孩子可以常常看到，以便留下深刻的印象。我和妻子還常常利用這些卡片與孩子玩遊戲、編故事。每次外出散步，看到馬車、教堂、

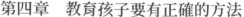

河流等，我就要孩子說出該怎麼唸、怎麼拼。這些方法非常奏效，卡爾因此認識的字也就越來越多。

這樣，卡爾在還沒有學讀法之前，很快就會讀了。他一旦學會了讀法，就能掌握更多的詞彙，再加上他學的是標準德語，所以很快就會讀書了。

▌如何教孩子學外語

母語教育的成功並不能讓我感到滿足，我早已下定決心，要讓兒子盡可能早早打下學會一門主要外語的基礎。因為教孩子多種語言，便有利於孩子正確地理解詞義及進行思考。學語言要先易後難，我決定讓兒子在掌握本國語讀法的基礎上，學習相近的外語。

在卡爾 6 歲的時候，就可以自如地運用德語讀書，在這一基礎上我馬上開始教他學習法語。因為運用了適當的教育方法，兒子只用了一年的時間就可以輕易地用法語閱讀各種法文書籍了。小卡爾能夠對外語掌握得如此之快，主要還是因為他具有扎實豐富的德語知識。

學完法語後，卡爾又馬上開始學義大利語，只用了 6 個月的時間便學會了。我認為是時候教他拉丁語了。

即使對十幾歲的孩子來說，要學習拉丁語也是一件不太容易的事情，拉丁語是讓他們最頭痛的語言。所以我是經過了充分的準備後，才決定教兒子拉丁語的。在教拉丁語之前，為了提高小卡爾的學習興趣，我先將維吉爾寫的《艾尼亞斯紀》中優

美的文體、故事情節以及一些高超的思想講解給兒子聽。告訴他想要成為一個優秀的學者，就必須學好拉丁語，從而將卡爾的好勝心給激發了起來。

卡爾7歲時，我經常帶他參加萊比錫音樂會。有次中場休息，他看著印有歌詞的小冊子說：「爸爸，這既不是法語也不是義大利語，是拉丁語。」我趁熱打鐵：「對！你想想它是什麼意思。」他從法語和義大利語類推，明白了大意，興奮地說：「爸爸！如果拉丁語這麼容易，我很想早點學。」

我認為教兒子學習拉丁語的時機已經成熟了，於是開始教他。結果他只用9個月就學會了。

然後兒子又花了3個月的時間來學英語，學完英語後，又接著用了半年的時間來學習希臘語。

卡爾學希臘語的全部經過就是一個閱讀巨著的過程，非常有意思。卡爾剛開始從背誦常見的單字來學習希臘語，我為他製作了希臘單字和德譯的卡片，他就從背這些常見單字開始學習。兒子學會了這些後就馬上轉入譯讀，最先開始讀《伊索寓言》，接著又讀《從軍記》。

我工作時，就讓卡爾在旁邊學。因為當時德國只有希臘拉丁詞典，沒有希德詞典，卡爾學希臘語時，不得不一個單字一個單字地問我。雖然要忙著工作，但我總是耐心回答他，從不發脾氣。

藉由這樣的學習，卡爾又相繼讀了希羅多德的歷史學巨著，色諾芬的《回憶蘇格拉底》、第歐根尼·拉爾修的《哲人言行錄》以及洛錫安的著作等。7歲時，他讀了柏拉圖的《對話

第四章　教育孩子要有正確的方法

錄》，但他說沒有看懂。

卡爾 8 歲的時候就學完了所有的這些語言，並能夠讀懂維吉爾、荷馬、西塞羅、奧夏、席勒等德、法、希臘、羅馬、義大利等各國著名文學家的作品了。

很多人都害怕學習外語，他們需要用大量的時間及精力才能夠完全掌握 6 國語言，但是，卡爾卻在如此年幼的時候用這麼短暫的時間就全都學會了，很多人為此感到不解，認為這裡面肯定有什麼祕訣。其實並沒有祕訣，有的話也只能說是一些經驗。現公布如下：

（1）用耳朵傾聽是學外語的先決條件

就拿拉丁語來說吧。拉丁語是學生的基本功，是做學問必需的。學會了拉丁語，就很容易學會法語、西班牙語及義大利語。但絕大多數學生都討厭拉丁語。我認為這是因為他們沒有學好拉丁語的基礎，所以我在兒子的搖籃時代就開始為他學拉丁語打基礎了。

大家一定覺得我的說法前後有些矛盾，並也納悶我要如何教導一個什麼也不懂，只會吃跟睡的嬰兒。方法很簡單，只要讓孩子傾聽就可以了。因為嬰兒時期只善於用耳，而不善於用眼睛，於是我就利用聽的辦法來教小卡爾學拉丁語。每當他睡醒後心情比較好時，我就和緩、清晰地讀維吉爾的《艾尼亞斯紀》給他聽。這既是一部傑出的敘事詩，也是一首極佳的搖籃曲，兒子很喜歡，聽著聽著就睡著了。有了這個基礎，他學拉丁語時就很輕鬆，很快便會背《艾尼亞斯紀》。

有一次，卡爾與一位教拉丁語的教師用拉丁語交談，結果那位教師聽不懂小卡爾說話的內容，而卡爾當時僅僅8歲而已。學校教拉丁語的弊病是，太過機械，不僅讓學生討厭，而且讓學過拉丁語的人只能讀不能說。

(2) 練習是有效的學習方法

教給孩子文法毫無用處，因為孩子不會懂文法；對於卡爾，我從不有系統地教授文法。的確，對大人來說，以文法為綱來學習外語是有效的。但是對孩子則必須採用「與其背不如練」的方法。

經典詩歌通俗易懂，讀起來琅琅上口，很容易記憶，所以我總以經典詩歌為切入點，先培養兒子對這種語言的感覺。等他掌握了基本的東西後，再讓他應用到日常生活中。教哪種語言，我就用哪種語言和他交流，並且禁止他用德語表達自己不會的地方，逼著他想辦法用所學語言表達。同時我還讓卡爾試著閱讀一些所學語言的書，因為語言最精闢的部分都在書裡。當兒子碰到不懂的單字時，我就讓他去查辭典。剛開始兒子只學會了一些常見的單字，所以常常得查辭典，到後來查辭典的次數漸漸地減少了，這就表示兒子已經能很好地掌握那種語言了。

此外，我還鼓勵卡爾和外國孩子通信，剛開始只是一些外國朋友的孩子，到後來範圍逐漸擴大。學希臘語時，他寫信給一個希臘孩子，不久後收到了回信。他非常興奮，對希臘的興趣驟增，讀了很多關於希臘的書。

接著他又跟英國、義大利的孩子通信了，因此卡爾對這些國家也產生了興趣，還饒有興致地研究起那些國家的歷史地理及風俗習慣等等。就在跟外國朋友通信的來往中，小卡爾的外語水準和知識都進步了很多。

(3) 用不同的語言去讀同一個故事

很多人讀過一遍小說，就不想再看了，而兒子卻喜歡反覆多次地聽相同的故事。我抓住這一祕訣，在教卡爾外語的時候，讓他用各種語言去看同一個故事。

(4) 弄清詞源

弄清詞源的好處有很多，是學好外語的有效方法之一。我讓卡爾從小就養成了這個好習慣，並做了好幾本筆記。為了讓孩子記住某一個拉丁語單字，我總是鼓勵孩子去調查由此產生出了哪些現代詞，並把結果記在筆記本上。這樣，孩子既學會了那個拉丁語單字，又記住了由此衍生的現代詞，對語言發展變化的規律也有了直觀的認知。

(5) 最有效的辦法是各種遊戲

孩子學習語言的能力是驚人的，能否運用最有效的教學方法是關鍵。在學習中與孩子玩各種遊戲是最有效的辦法。

在卡爾剛學會說英語時，我就把「您早」這句話用 13 國語言教給卡爾，他很快就學會了。我的具體方法是，讓孩子對著代表 13 個國家的 13 個玩具娃娃，用該國的語言說「您早」。

根據孩子愛玩、好動的特點，和他玩各種語言遊戲，比如講故事、唱歌謠、猜謎語、比賽組詞造句、編動作、說諺語、編故事等等。學習方法生動有趣，孩子自然學得既快又好。

如何教孩子學數學

在教育卡爾的過程中，我發現，所有的學科中最難引起卡爾興趣的就是數學。因為其他學科，比如植物學、動物學、地理學，都可以到大自然中去實地接觸，在遊戲玩樂中去領悟，孩子的興趣自然高漲。而數學，卻是一門抽象的學科，它靠的是人的思考能力，好動愛玩的孩子會覺得太枯燥。事實上，幾乎所有父母和教師都忘記了數學也是一種語言，而且，這種語言絕不應該讓孩子 3、4 歲時還停留在學習一到十。試想，如果我們在孩子的頭三年，母語只教了他 10 個發音，孩子的語言能力會落後到什麼地步？數學是另一種語言，這種語言與孩子智力發展的關係同樣密切。

卡爾起初也很討厭數學，雖然我早就用玩遊戲的方法輕易地教會了他數數及數字，並用做生意買賣的遊戲教會了他數錢的方法。但是教兒子乘法口訣的時候，就遇到了難題，卡爾有生以來第一次開始厭惡學習。可見就算是 5 歲的兒童，也是非常討厭死記硬背的。後來我將乘法口訣編成了歌謠來讓兒子唱，他還是不感興趣。

這下子，我真的有點擔心了。卡爾當時才 5 歲，雖然會 3 國語言，懂得動物學、植物學和地理，神話、歷史和文學已達到國中水準；但是數學卻很弱，連乘法口訣都不會。他是不是

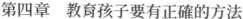

偏重文科呢？這可不是我想要的。我培養孩子的目標是讓他均衡發展，成才的同時真正感到幸福，而片面的人是不可能真正幸福的。

那段時間，我為卡爾厭惡數學這件事而煩惱不已，不過我還是沒有強迫他死記那些乘法口訣。我知道強硬灌輸是沒有效果的，而且還容易讓孩子的性格扭曲。正當我無計可施的時候，我心中的煩惱在偶遇羅森布魯姆教授後被解開了。羅森布魯姆教授是我一位牧師朋友的好朋友，他是一位擁有出色教學技巧的數學教授。那天，我到牧師朋友的家裡拜訪時，幸運地遇見了羅森布魯姆教授。

了解情況後，羅森布魯姆教授一語道破了問題所在，「雖然你的孩子缺乏對數學的興趣，但絕不是片面發展，而是你的教法不對。你自己喜歡語言學、音樂、文學和歷史，所以能有趣地教這些知識，教授動物學、植物學和地理學你也很有一套，你兒子也就能學習。可是數學，由於你自己不喜歡它，就不能有興趣地教，你兒子也就厭倦它。」接著，這位傑出的學者十分熱情地教了我一套教數學的方法。我將此教法用於卡爾身上，果然他的數學突飛猛進。

羅森布魯姆教授的建議是，首先培養孩子對數學的興趣。比如：把豆子和鈕扣放在盒子裡，一個一個往外拿，邊拿邊數，看誰拿的多；或者在吃西瓜等水果時，數數水果裡有多少種子；或者在走路的時候，一步一步地數，看誰走得快。

遊戲是孩子最喜歡的活動。在遊戲中，孩子始終處於積極主動的狀態，探索各種事物的性質、作用及關係，從而更深入

地理解事物。

我和卡爾就經常地玩擲骰子的遊戲。起初是用兩個骰子玩，玩法是把兩個骰子同時拋出，如果出現 3 跟 4，就把 3 跟 4 加起來得 7 分，出現了 2 跟 4、1 跟 5 就得 6 分。每次的得分分別記在紙上，玩 3 次或 5 次之後計算一下，決定勝負。

卡爾非常喜歡這類遊戲。在卡爾對數學遊戲產生興趣後，我仍按照羅森布魯姆教授的建議，每次遊戲時間不超過 15 分鐘。因為所有的數字遊戲都很神，一超過 15 分鐘就會疲累。

為了讓卡爾將數學知識運用於現實生活，我還經常跟他玩模仿商店買賣情景的遊戲。所賣的物品按照不同的計量單位，價格是依實際的價格，錢也是真正的貨幣。我和妻子常常到兒子那裡買各種物品，用貨幣交付，卡爾也按照價格表進行運算，並找零錢給我們。

我就是按照羅森布魯姆教授的這種教法，讓孩子對數學產生了濃厚的興趣。興趣掃除了卡爾在數學道路上的障礙，使他順利地學完了算術、代數與幾何。以至於後來卡爾對數學簡直到了著迷的地步。

▌培養孩子廣泛的興趣

諸位看到上面我努力地對兒子進行訓練和教育，肯定會認為卡爾的生活是單調乏味的。其實不然，我非常注重引導卡爾從多方面獲得樂趣，所以卡爾的生活是過得很多采多姿的。

在卡爾掌握了一定的詞彙量後，我開始培養他讀書的興趣

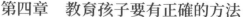

與習慣。第一次讀的書往往決定一個人以後喜歡什麼書,而幼年時讀的書又往往影響一個人的一生,所以我非常重視書的選擇,不但要考慮到卡爾的閱讀能力,還要選對他有益的書。

在如何引導兒子讀書這個問題上,我採用了一些小伎倆。孩子們最喜歡聽人講故事,尤其是年齡較小的孩子。講故事極為重要,它不僅能豐富孩子的知識,而且能夠成為引導孩子看更多書的橋梁。我總是努力把故事講得繪聲繪色,妙趣橫生。誇張的表情、生動的語言、千變萬化的手勢、具體的表演,讓兒子如痴如醉,經常跟著我手舞足蹈。不過,我總是在最有趣的地方停住不說了,這時,我會告訴卡爾這個故事在哪本書中,鼓勵他從書籍中尋找樂趣。

卡爾不只喜歡讀書,對音樂也非常感興趣。

歌德說:「為了不失去神給予的美感,必須每天聽點音樂,讀點詩,賞點畫。」也有人說,唱歌可以使人心情愉快,即使是神經質的孩子也會而快樂起來,所以會唱歌的人比不會的活得久。因此,很有必要讓孩子了解音樂。

當然,不可能也沒必要讓每個人都成為音樂家。可是,人一輩子如果完全不懂音樂,那也不會幸福;即使做不成音樂家,起碼也要會欣賞。有人認為,既然不想使孩子成為音樂家,教他音樂就是浪費時間,這種觀念是極為錯誤的。沒有任何藝術的生活就像荒野。為了使孩子的一生幸福,生活內容多采多姿,父母有義務讓他們具有文學和音樂的修養。

懂音樂的人是幸福的。我盡最大的努力讓兒子從小就養成音樂概念。如同前面所說,他剛出生,我就買了能發出 7 個音

的小鐘，還讓妻子唱歌給他聽。

　　當兒子學會 ABC 的讀法後，我便教他如何看譜，並常常玩這方面的遊戲。具體的玩法就是，在屋中把東西藏起來讓他找。這是兒童常玩的遊戲，不過我在此還利用了鋼琴，這樣就使遊戲變得更加充滿歡樂色彩。在卡爾走近藏有物品的地方時，我不是用語言來提示他，而是用鋼琴輕輕地彈出低音。兒子要是走遠了，就漸漸地彈出高音。要是卡爾不仔細地聽聲音的高低，就不太容易找到藏起來的物品。用這種方法來訓練孩子的聽力非常有效。

　　孩子特別喜歡節奏，我就以此為切入點。

　　當卡爾還不會說話時，我用手為他打拍子。後來，我買了小鼓，教他按照拍子的節奏來擊鼓。過了一段時間，兒子學會了擊鼓後，我又買了木琴，讓兒子敲打，與此同時我還開始教他玩彈鋼琴的遊戲。我指著牆上的樂譜，兒子就必須按照樂譜來按琴鍵。沒過多久，小卡爾就可以用鋼琴的單音來彈奏簡單的曲調了。

　　兒子從小就愛擺弄鋼琴等樂器，我抓住這個機會鼓勵他練習。同時，他只要得到我的一些幫助，就能自己編出各種曲調。兒子把自己創作的許多曲子記在筆記本上，這和幼年時期的日記一樣，將來拿出來看，也是很有樂趣的。

　　教卡爾練鋼琴，我並不認同只注重技巧的教育方法。我有一位好友，他曾經為他的孩子聘請過一名專業的小提琴教師。這位教師一年之中都只注重教孩子練習的技巧，結果導致孩子不但沒有學會小提琴，反而開始憎惡音樂了。但是教卡爾練習

小提琴的教師就沒有運用這種教法，而且每當兒子練習小提琴的時候，我就用鋼琴來為他伴奏。從此，小卡爾對音樂產生了濃厚的興趣，他不管是彈鋼琴，還是拉小提琴都非常地出色。

　　學習演奏樂器的同時，卡爾還在老師的幫助下編曲，雖然不是真正意義上的作曲，但對小卡爾來說已經很難得了。我到現在還保存著卡爾創作的曲子。它們總讓我回憶起卡爾童年的可愛模樣。

▋如何喚起孩子的興趣及讓孩子學會提問

　　儘管卡爾有著廣泛的愛好與興趣，並且從事著各種活動，可是帶有偏見的人們還是認為他的生活除了坐在書桌前面，其他什麼也不做。他們甚至認為，卡爾可能除了會點外語及生硬的知識外，其他就一概不懂了。

　　事實當然不是這個樣子。了解卡爾的人都知道，他在書桌前的時間比任何同齡人都少。很多時候，他都是在盡情玩耍和運動，非常健康活潑。他不僅學了幾門外語，還輕鬆地學了植物學、動物學、物理、化學、數學等學科。

　　家長們一定想知道我究竟運用了什麼獨特的教育方法，讓兒子可以輕鬆愉快地學到這麼多的知識。其實祕訣並不複雜，就是喚起兒子對事物的興趣，並讓他盡可能地提出問題。

　　在卡爾3、4歲時，我每天吃早餐前都要帶他出去散步一、兩個小時。但是這種散步不只是溜搭，而是一邊溜搭，一邊談話。比如我總會抓住幾個有趣的問題，講給兒子聽。他的思

維活躍,想像力很豐富,能夠順著我的話,一會兒談航海去印度和中國;一會兒在尼羅河逆流而上,一會兒到白雪皚皚的北極探險;下一秒又在芳香濃郁的錫蘭的森林中徘徊。有時,還追溯到幾千年以前,跟隨斯巴達人攻打特洛伊城;有時坐在奧德修斯的船上,在未知的海洋上迷航;有時又跟隨亞歷山大的軍隊遠征西洋。在這樣的散步中,卡爾學到了很多地理及歷史知識。

我和卡爾會經常性地在花草茂盛的鄉間小路上散步,他能看到從草叢中冒出一些不知名的野花。這時,我通常會順手摘下一朵野花,叫卡爾過來一起研究這朵小花。卡爾往往會非常好奇地湊過來聽我講解,我邊解剖花朵邊向他講解花的用途與生長特點:

「這是花瓣,這是花蕊、花萼,隨風飄的那些是花粉。可別小看它,花朵沒有它就結不出果實……」有時草叢中會突然蹦出一隻蚱蜢,我就立刻捉住,然後和兒子頭碰頭蹲在一起研究。我將蚱蜢的身體結構、習性、繁殖等知識盡可能詳細地講解給兒子聽。我就是透過自然中的一草一木等實用材料來對兒子進行生動有趣的教育,這比學校裡教師教授的那些刻板的動植物課程有趣多了。

只要有信心,自然界的一草一木隨時都可以成為教育資源,自然界新誕生的一切都可以成為孩子認識與注意的對象。世界上再沒有比大自然更好的老師了,它能教給人無窮盡的知識。遺憾的是,大多數的父母和孩子卻未能好好利用它。

一到假日,我就會帶兒子去田間,觀察花、草、岩石、小

鳥的窩、蟲子的生活狀況等。利用這些實物，我跟他講各種有趣的故事，內容涉及動物學、植物學、礦物學、物理、化學、地質學、天文學等幾乎所有的科學領域。卡爾特別喜歡植物，採集的標本堆積如山。他還用顯微鏡觀察各種東西，同時，他還寫了一些很有意思的文章。

　　卡爾起初非常害怕毛毛蟲，但是自從我告訴他毛毛蟲可以變成美麗的蝴蝶之後，他便不再害怕了。我還向他講解螞蟻和蜂的生活習慣及規律，兒子對這些昆蟲的集體生活很有興趣，他特別研究了大黃蜂和熊蜂的生活，並寫出了一篇很好的文章。

　　卡爾之所以能寫出這樣的文章，說出這樣的話，是因為他不但學到了自然知識，還對人生有了感性的認知。我為此感到高興與自豪。

　　孩子的不良行為讓很多父母煩惱。在我看來，孩子有不良行為完全是因為不知道精力該往何處使用，這無疑是一種浪費。我建議，把他們帶到大自然中，如此，他們既沒空做壞事，又不會浪費精力。而且，接觸大自然能使人的品德變得高尚，自古以來與大自然感情融洽的人，都是心地善良寬厚的人。與大自然接觸不僅可以使孩子身體健壯，精神也會旺盛起來。城市裡的孩子多遠離大自然，很少呼吸新鮮空氣，因而心情不佳或性格乖張。

　　有鑑於此，我盡量讓卡爾多接觸自然。在家裡安排他做園藝，種花草和土豆等。他覺得這樣很有趣，經常幫它們澆水、除草，觀察它們的成長情況。每年夏天，我就帶他到山林中住一段時間。森林是孩子最好的教科書。晴天，我帶他去森林

玩，教他讚美自然的詩。晴朗的天氣，站在靜穆的大地上呼吸新鮮空氣，朗誦詩歌，這是多麼愜意啊！

　　卡爾還養過兩隻小鳥，一隻名叫里里達，另一隻叫小菊花。卡爾教兩隻小鳥一些小技能。牠們能夠隨著小提琴的音樂而高歌，也會站在卡爾的手掌上跳舞。卡爾彈鋼琴的時候，小鳥就會站在他的肩上。卡爾命令小鳥們閉上眼睛，牠們就會乖乖地閉上雙眼。卡爾在看書的時候，命令牠們翻到下一頁，牠們就會聽話地用小嘴翻開下一頁。

　　除此之外，卡爾還飼養小狗和小貓。飼養這些動物時，為了調配食物、餵水，卡爾得集中注意力，這培養了他專注的精神，也培養了他的慈愛之心。

▌絕不進行「填鴨式」的灌輸教育

　　只注重向孩子灌輸知識的教育，是「填鴨式」的教育方法，這向來是我所極力反對的。在我看來，灌輸式教育就像幫樹澆水時，只澆到了樹葉上，沒有澆及根部，樹木根本就無法吸收水分。如果在教育孩子時只是一味地進行知識灌輸，就會使孩子完全喪失感知功能，接受的也就只會是大量沒有真正理解的抽象原理與公式，根本做不到深入理解。這樣使孩子既難受，又不能學會任何有用的東西，孩子變成了機械的知識接收器。

　　我的教育方式是，首先喚起兒子的興趣，然後以此進行恰當的教育。為了做到這一點，我從不系統性地教孩子任何知識，從不事先告訴他哪些是植物學上的問題，哪些是動物學上

的問題等等，從不像教科書那樣教他一些基礎知識。我絕不會那樣做，因為這些與兒童的學習習慣不符。

以教卡爾畫地圖為例。沒有地理方面的知識，孩子就難以理解地圖的概念。如果一開始就讓才 5 歲的孩子去學地理課本上的東西，那他就容易喪失興趣。對孩子的地理教育，我主張一定要讓他身臨其境，以讓他對地理的概念有一個直觀生動的認知。

那時，我一有空就帶著孩子到周圍村莊去散步，叫他注意觀察不同的地形地貌、河流的走向、森林的分布等等。為了有個全面的了解，我帶著卡爾幾乎走遍了周圍方圓幾百里的地方。孩子對這種邊學邊玩的遊歷興致勃勃，從不叫苦，晚上回家，他要把當天對地理環境的見聞詳細地向他媽媽報告一遍，他的描述細緻準確。

實地勘察了一段時間後，卡爾基本上掌握了附近的情況，接著我就讓他拿著筆和紙登上村裡的一個高塔。在塔上矚目遠眺，走過的地方呈現在眼前，要他說出周圍的地名，不知道的地方就為他說明。對全貌有了了解後，就要求他試著畫周圍的地理略圖。因為準備工作充分細緻，他畫出的略圖就能大致準確。然後帶他再次到相應的地方散步，邊走邊記，在略圖上添上道路、森林、河流、丘陵等。就這樣一張地圖便躍然紙上。

所有這些工作都完成後，我們倆就到書店買來這個地方的地圖，將兩張地圖進行比較，並對有誤之處做出修改，最後孩子得到了自己平生第一次製作的地圖。我妻子很自豪地將它裱框，掛在客廳。這唬住了很多客人，他們都不相信一個 5 歲的

孩子能畫出這麼精細的地圖。我又慢慢教了他更難懂的地圖概念。後來，製作地圖成了卡爾的一大愛好，無論到哪兒旅行，他都親手製作當地的地圖。

教會卡爾動物學、植物學和地理學的基本知識後，我又用同樣的方法教他物理、化學和數學。為了培養卡爾對天文學的興趣，我讓他看了很多神話書，帶他去天文臺，用望遠鏡觀看天體。他還和一些天文學者交朋友，他們告訴卡爾天文學多麼奇妙，鼓勵他好好學。之後，我拜託塞肯德羅夫伯爵教他天文學。

塞肯德羅夫伯爵是個貴族，也是個傑出的學者，有著高尚的心靈。不過塞肯得羅夫伯爵既不是我的至交好友，平時又與我們一家沒有什麼聯繫，他純粹是因為仰慕我兒子的神奇才華，前來看望他時才與我們認識的。他一接觸到我兒子，就驚喜不已，因為他發現卡爾的智力程度已遠遠超過了人們的傳說。

伯爵以做學問為樂，並且愛才如命。他把卡爾帶到家中，親自用自己的望遠鏡教他天文學，還慷慨地讓卡爾隨意使用他家物理、化學等方面的器材，以及各種豐富的書籍，幫助卡爾學習各種知識。

一天，卡爾從伯爵家回來顯得異常激動：「爸爸！我今天看到流星雨了！」

孩子對流星、彗星等自然現象總是充滿好奇與幻想，卡爾也不例外。

我當然不會打擊孩子的熱情，儘管當時心情不算太好，但還是迎合地說道：「流星雨一定很好看吧！」

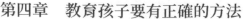

「當然！」卡爾仍然很興奮，「那是我見過的最美的東西，像節日的煙火，卻又比任何煙火壯觀。」

「嗯！我以前見過流星雨，的確很美，簡直就像魔法一樣，美得只可意會無法言傳。」接著，他又描述透過天文望遠鏡看到太陽、月亮以及其他的恆星和行星的情景。

卡爾的好奇心完全被點燃了，他驚嘆道：「為什麼大自然這麼奇妙呢？」

「因為這是上帝的傑作呀！不管人類多偉大，在大自然面前都是渺小的。人類的一切知識來源於大自然，這就是爸爸讓你多向大自然學習的原因。」

「爸爸，你說得對，我一定會好好學習，長大後探索大自然更多的祕密。」

卡爾從小就是在這樣充滿樂趣的狀態中學習的。為此，我衷心感謝上帝為我們創造了如此奇妙豐富的大自然，感謝所有幫助卡爾學習的善心人！卡爾能有今天的成績是離不開大自然及這些善心人士的幫助的。

▌玩是孩子增強能力的有力工具

在對卡爾的教育中，我發現玩不僅能培養孩子的興趣，還能逐漸開發孩子的智力。卡爾就是透過遊戲這種方式培養出了良好的記憶、觀察、注意、想像和操作等能力。我常常把知識融入遊戲中進行對卡爾的教育，使卡爾在玩耍中獲得知識。我和卡爾之間，幾乎沒有意義特別單純的遊戲，我跟他玩遊戲

都是有目的的，大多都是為了讓他認識事物、了解事物及鞏固知識。

我經常會問兒子一些「什麼動物愛吃什麼食物」、「哪裡不正確」等諸如此類的問題。卡爾透過智力遊戲會加深對事物的認知，並且會對這方面的知識掌握得更好。我還透過遊戲訓練他的正確發音，讓他準確地說出一些常見的同義詞、反義詞，快速地豐富詞彙量。像是「動物怎麼叫」或讓他「指出相同顏色的物品」、「說出反義詞」等就是屬於這類語言訓練的遊戲。

為了從小培養卡爾敏銳的觀察力，我們常玩一種「什麼不見了，什麼跑了」的遊戲。

在玩這種遊戲的時候，我讓卡爾認真看桌子上或盤子裡有什麼東西，並要他有意識地記住它們，然後讓他閉上眼睛，我悄悄地拿走或加上一件物品後，再讓他睜開眼，看看發生了什麼變化。

有時候我還會讓卡爾閉上眼睛仔細聽我擊掌、敲桌子等，然後讓他準確地說出敲擊的數目。我通常用這種方法來培養孩子的觀察力、注意力和記憶力。

在和卡爾玩這些智力遊戲時，我多半從卡爾的角度出發，並且絕不急於求成。因為如果做一些他不能接受的事，會適得其反。

如果他表現優異，我就增加難度，讓他快速進步；反之，我也不慍不火，設法更關心與幫助他，培養他的興趣，讓他在成功的愉悅中樹立信心，不斷進步。在對卡爾的遊戲中，我盡量做到深入淺出，通俗易懂，通常是選那些能夠讓兒子理解

的，或者看得到的具體的事物，我總是盡力讓遊戲顯得生動具體，並且還讓兒子自己做一些小實驗去發現其中的一些奧祕。

卡爾 3、4 歲時，我主要用形象、實物及動作，三合一的方法來進行教育。等到 4、5 歲的時候，我就將遊戲的內容加深一些，難度增大一點。不過這種遊戲的程度都是兒子能夠透過努力來完成的，我從來不會用刁鑽古怪的問題為難孩子。

在與兒子進行某個遊戲之前，我會用簡潔生動的言語講解，有時還進行示範或演示，以便讓他玩好遊戲。

我認為，觀察力在孩子的智力及心理發展過程中具有重要的意義，觀察力的強弱直接影響孩子的智力發展。

我抓住一切機會，利用遊戲對卡爾進行有效的訓練，使他的觀察力得到快速的發展。我時常帶卡爾去參加各種室外活動，讓他深入地感受外部世界帶給他的豐富生活。我還經常教卡爾用聽、看、說、做、嘗等方式來參與遊戲活動，並培養卡爾形成善於觀察的良好習慣。在遊戲的過程當中，加強對他的語言訓練，讓兒子發揮語言的作用去分析他所遇到的事情，孩子的觀察力可以透過這樣的方法來得到有效的培養及發展。

遊戲還可以培養孩子的記憶力。因為記憶在孩子心理發展過程中具有重要的作用。孩子透過記憶及過去經驗，在大腦中留下印象，從而促進心理的發展。記憶力的差異主要表現在記憶速度、準確性、持久性、準備性和靈活性上。記憶對於孩子的個性、情感、意志等都有重要意義。

為了在遊戲中培養兒子的記憶力，我費盡心機，想出很多辦法，也取得了很大的成效。我為卡爾提供各式豐富的遊戲材

料，那些具體生動的形象往往會喚起兒子過去感知的事物，兒子的記憶透過連續的重複後，就非常準確完整了。因為在孩子的大腦中，形象與語言的關係是非常緊密的，所以我經常用語言對實物和行為進行描述，來喚起卡爾的記憶。

為了培養卡爾的觀察力、注意力跟記憶力，我還特別重視培養兒子的想像及創造能力。卡爾很喜歡根據自己有限的閱歷與知識，來選擇他喜歡的物品、主題和內容。

在遊戲過程中，我讓卡爾自己構思主題、安排情節、分配角色、制定規則。孩子的創造力和解決問題的能力在整個遊戲的過程中會得到很好的鍛鍊。與此同時，透過與他人相處、合作完成遊戲的過程，孩子的協調能力也得到了很大程度的培養。

孩子對生活充滿好奇，喜歡玩各種遊戲。每逢下雨的時候，孩子們就會去挖溝渠；下雪時，孩子們就會去堆雪人；他們還喜歡用石塊跟泥沙築城堡、人物或者各種小動物等。每當這時候，即使外面天氣很惡劣，凍僵了他們的小手，他們仍會堅持不懈地繼續玩下去。

蓋房子是卡爾小時候愛玩的遊戲之一。在這種遊戲中，他逐漸明白了前後、左右、上下、中間、旁邊等空間概念，形成高矮、長短、厚薄、輕重、大小等觀念；還學會了有計劃、有步驟地設計，既有成就感，又有無窮的樂趣。

孩子在搭建房子的過程中必須要手腦並用，因此，他們的手腦就得到了良好的訓練。不僅增強了動手的能力，而且頭腦也變得更靈活，讓孩子們的潛力得到良好的發揮。因為孩子們在操作前，大腦裡會先有一個形象，所以在蓋房子的遊戲中也

發展了孩子們的圖像思考能力。

　　我積極幫助與支持卡爾「玩」好遊戲，在卡爾玩「蓋房子」時，我時常引導他對搭建的對象加以想像，告訴他想像得越具體越好。有時我利用現有的模型、圖畫去加深他頭腦中的形象。這不僅有利於遊戲的順利進行，更開發了他的圖像思考能力。

　　卡爾並沒有辜負我，他更加努力地發揮了自己的潛能。

▍百聞不如一見，增加孩子的見識

　　在對卡爾的教育上，我始終堅信「百聞不如一見」。

　　除了教給卡爾書本知識外，我還利用一切機會豐富他的知識。在卡爾還很小的時候，我就經常帶他到各地去旅遊。看到建築物，我就會告訴卡爾那是什麼、它所坐落的地方叫什麼、有什麼樣的歷史。看到歷史遺跡，就告訴卡爾這裡曾經發生過什麼、對歷史產生了什麼樣的影響。只要有時間，我就帶卡爾去參觀博物館、美術館、動物園、植物園、工廠、礦山、醫院及育幼院等，以開闊他的視野，豐富他的見識。

　　每次參觀回來，我都會讓卡爾詳細描述所見到的一切，或者讓他向母親匯報。因此，卡爾在參觀時總是用心觀察，認真聽取我或者導遊的講解。

　　卡爾 5 歲時，我就幾乎帶著他遊遍了德國所有的大城市。我們在旅途中，既登山，也遊覽名勝；既尋找古蹟，也憑弔古戰場。回到旅館，我就讓兒子把所見所聞寫在信上，寄給母親

和親友。回家後，還要向母親詳細地做口頭匯報。

　　卡爾後來將自己旅途過程中的所見所聞全部記述下來，編成了一本遊記讓人們欣賞，受到大家的一致好評。有的人對我說，我不應該花那麼多錢帶孩子去旅行，這是一種無謂的浪費，用那些錢來給兒子買書可以讓收穫更多；也有的人說，我要是不這麼慷慨地花錢，就不會連卡爾上大學的學費都付不起了。雖然我只是一個沒有多少收入的貧窮牧師，但是為了湊足旅行費用，全家人都節衣縮食、省吃儉用，就算在旅行時也只是住條件最差的旅館；但我一點也不後悔，並且認為這一切都是很有價值的。只要可以滿足卡爾追求真理的精神及求知欲望，我絕對不會吝惜金錢與體力。

　　之所以這樣做，是因為在我看來，拘泥於書本的人會變得目光短淺、頭腦簡單，不可能成為有創造性的學者；而且，如果不走進生活，就連書本上的知識也不能充分掌握。

　　書呆子不可能有什麼作為，因此我盡量讓卡爾在生活中學習。

　　有一次，卡爾在書上讀到伽利略那個「兩個鐵球同時落地」的著名科學故事，便問我：「爸爸，兩個不同重量的鐵球真的是同時落地嗎？這怎麼可能呢？明明一個重一個輕，應該重的先落地才對。」

　　伽利略這個著名的故事，或許歐洲所有正在接受教育的孩子都知道，但據我所知很少有人對這個問題有過什麼懷疑。

　　大部分孩子恐怕都會這麼想：「書上都是這樣寫的，肯定沒有錯。」當然，書上寫的這件事，以及這個物理現象肯定是真實

的、正確的，但僅僅因為書上那樣寫了就完全相信，卻是一種懶惰或盲從。

卡爾是具有獨立思考能力的、與眾不同的孩子，他從來不會迷信課本，無論什麼事都要親身體驗才甘休。

為了讓卡爾直觀地認識「兩個鐵球」，我專門找了一大一小兩個鐵球，帶著他爬到教學樓頂做實驗。

或許有人會認為我這種做法太寵孩子，這個原理一定是對的，完全沒必要做實驗。但我不管這些，最終還是和卡爾一起成功地做了實驗。

卡爾覺得這個實驗現象太神奇了，決定弄清伽利略的這一原理。於是，那段時間他竟然興致勃勃地研究本來認為枯燥無趣的物理。

這樣的例子在卡爾年幼時有很多。卡爾雖然生長在陸地，但他卻很喜歡看關於海洋的書，常常看哥倫布、麥哲倫等航海家寫的航行傳記，那些關於大海的描述總讓他痴迷不已。當卡爾看了《馬可·波羅遊記》這本書後，他就特別想親自去看看大海。於是我就帶著他去了地中海海岸，初次看到大海的卡爾高興極了。我們父子倆在海邊撿貝殼、海藻及海星等等，我講述了關於這些海底生物們的各種知識給兒子聽，讓孩子對神奇的海底世界有了一些了解。我還和他在沙灘上玩蓋城堡、築島嶼、堆山和鑿河等各式各樣的遊戲。大海邊是讓孩子掌握地理概念最有利的地方，我將地球儀帶到海邊，讓兒子指出它上面地中海的方位，然後告訴他越過地中海就可以到達非洲，非洲的兩邊分別有大西洋及太平洋。要是跨過大西洋就能夠像哥倫

布那樣到達美洲；要是穿過太平洋就可以像馬可‧波羅那樣到達中國。卡爾就這樣逐步地明白了地球的概念，大致了解了世界地理。

　　在對卡爾進行教育的過程中，我始終相信「百聞不如一見」的道理。行萬里路，讀萬卷書，這兩者是相輔相成、缺一不可的整體；現實生活所教給我們的東西要比書本能教會我們的更加多彩多姿。

第四章　教育孩子要有正确的方法

第五章
教孩子學會明辨是非及善惡

▌培養孩子對事物的辨別能力

　　一般情況下，包括教育機構，人們普遍認為讀書讀得好才是教育最重要的標準，認為孩子只要掌握知識就萬事大吉了。這種觀點是片面的、膚淺的。

　　我認為，一個孩子即使掌握了大量知識，只要他沒有在學習知識的過程中獲得一種特殊的能力，那麼這些知識便一文不值。

　　這種特殊能力是什麼呢？就是對事物的辨別能力。

　　沒有敏銳辨別能力的孩子，無論他如何用功讀書，無論他閱讀了多少書籍，也只會是一個儲存知識的機器。換句話說，只會儲存知識，不管儲存得多麼豐富都沒用。

　　我有一位相識很久的朋友，他是大名鼎鼎的歷史學專家。但是，我認為他不是真正懂歷史。因為他只能記住那些史實及歷史事件的年代，不會判斷和反思歷史。試問，這樣的專家及知識有什麼意義呢？我想，不用我說，任何一個稍具頭腦的人都會明白。

　　雖然從卡爾一出生起我就開始教他各種知識，當然也包括歷史知識，但我始終把培養他的辨別能力、分析能力放在最重要的位置。因為我很清楚地知道，如果不這樣做，他長大之後就不會有什麼大的作為。

　　記得卡爾 4、5 歲時，一位主教來我們教區訪問。考慮到是同行，我熱情地邀請他辦完公事後到我家做客。

　　或許是因為主教的職位比我高，又或許他的言談舉止更合

乎禮儀，卡爾一見面就喜歡上了他，還以崇拜的口吻問東問西。

當然，主教對卡爾也很和藹。

吃過晚餐後，我叫女傭為主教安排住宿，並親自帶他來到了客房。

「主教大人，今晚您就住在這裡吧。雖然這裡不是富麗堂皇，但勝在整潔安靜。床單也都是剛換過的。您看還可以嗎？」我對主教說道。

也許主教覺得房間太簡陋，他皺皺眉頭，勉強地說：「是的，是還可以。不過，我還是住城裡市長那裡吧。」說著，就往外走。

這時，卡爾叫住了他：「主教！您留下吧！我們都非常歡迎您！」

主教向卡爾笑了笑：「非常謝謝你，孩子，可是我一定要走。」

主教走後，我說：「可能他覺得我們這裡太簡陋了吧。」

卡爾問我：「你不是說牧師是不在乎這些的嗎？」

我微笑著摸摸他的頭：「卡爾，你要明白，不是每個牧師都像你父親一樣。我們同行，但不同道。」

卡爾迷惑地看著我。

於是，我進一步向他解釋：「這個世上什麼人都有，有好人，也有壞人；他們都生活在我們身邊，但要將他們辨別出來卻不容易。就說說我的職業吧，世上有很多牧師，但真正按照上帝旨意做事的人並不多。」

「爸爸，我知道了。你說的『同行不同道』就是這個意思。你是真正的牧師，而那位主教不是。」卡爾說道。

聽見卡爾這樣說，我沒有贊同也沒有反對，只是微微地笑了一笑。

我知道，在卡爾幼小的心靈中已經有了能夠辨別周圍事物的能力。

▌有些人並不值得幫助

竭盡全力地幫助他人是一種美德。可是，該幫什麼人，不該幫什麼人，恐怕很多人都很難分清。

上帝是仁慈公正的，他知道該對誰賜予仁慈。然而，大多數人卻弄不清什麼是真正的仁慈，什麼是真正的善。

現實生活中不就有許多這樣的事發生嗎？有些人不惜付出所有去幫助別人，不但沒有得到相應的回報，反而遭到別人的矇騙。這是為什麼呢？答案並不複雜，因為這些幫助他人的人並沒有弄清被幫助的人，是否值得幫助。也就是說，這樣的好心人實際上是爛好人，因為他們沒有任何的分辨能力。

卡爾是個善良的孩子，從小就知道關心別人，不僅能夠理解我的工作及他母親為他的成長所付出的努力，而且也很關心家裡的傭人，常常幫女傭做一些力所能及的事。

卡爾總把我給他的零用錢存起來，以便需要的時候買他喜歡的學習用品。由於很少用，所以他每隔幾個月都會存不少錢。但是，有一次，我偶然發現他的零用錢莫名地少了很多，

似乎用得太快了。

我想，這裡面一定有原因。便找了一個合適的時間問他：
「卡爾，你最近買新文具了嗎？」

「沒有。」

我知道卡爾絕對不會撒謊，因為我很了解我的孩子。雖然
有時他也會像其他孩子一樣調皮，但他絕不會是一個撒謊的
孩子。

儘管他沒有解釋這件事，但我也沒有追問，因為我認為他
有權利自由支配屬於自己的金錢。

大概他認為有必要讓我知道事情的原委，晚餐後，便
一五一十地說了。

原來，他把大部分的零用錢借給了一個叫柯蘭迪的男孩。

柯蘭迪是農夫的兒子，比卡爾大三歲，已經是大孩子了。

據卡爾說，柯蘭迪家裡很窮，他們經常因生活費煩惱。

卡爾拿自己的零用錢幫助有困難的人，這本是一件好事，
不過，事情卻遠沒有表面上這麼簡單。

據我了解，柯蘭迪的父親酗酒、懶惰。柯蘭迪受到家庭環
境的影響，變得貪玩而不思進取。

我從卡爾的講述中了解到，柯蘭迪借了這些錢後，既沒有
幫助弟弟妹妹的生活，也沒有為自己買學習用具，而是用於賭
博。他給卡爾許下的諾言是：等賭博贏錢後再加倍還給卡爾。

剛開始，卡爾聽不進我的話，天真地解釋：「柯蘭迪賭博也
是為了家人啊！他發誓贏錢後會幫弟弟妹妹買文具跟書。雖然

賭博是一件壞事，但他也是出於無奈才這樣做的啊！」

為了糾正他的錯誤認知，我耐心地向他解釋：「首先，賭博是一件非常惡劣的事情，你借他錢就是變相參與賭博；其次，永遠別相信他會還你錢，因為他永遠贏不了錢；第三，妄想靠小把戲不勞而獲的人無可救藥，所以借錢賭博的人根本不值得幫助。」

卡爾問道：「可是，爸爸，你不是常說要幫助別人嗎？」

我說：「幫助別人當然是值得稱讚的。但你不要忘了，幫助別人的方式有許多種，並不一定要借錢給他，何況是那些不值得幫助的人。而且，很多人跟你交往是有某種目的的，認清身邊的人，掌握他們的意圖，對你而言很重要。等你長大後，自然會有深刻的體會。」

儘管當時卡爾還沒有完全明白這種成年人之間為人處世的道理，但他很聽話，再也沒有借錢給柯蘭迪了。

很多年以後，卡爾有了更多的生活閱歷，這時，他才真正理解了我說的話。後來，他讀大學的時候，在一封信中告訴我「不跟別人借錢，也不借錢給別人」是他的處事原則之一。

或許有人會覺得我這麼做傷害孩子純潔的心靈，其實不然，我認為讓孩子從小明白事理、學會保護自己，要比讓他成為「像愚善的」好人要好得多。

▎儘早讓孩子了解生活的真相

盲目的樂觀主義者天真地認為現在的社會是完美而理想

的。雖然我們現在還不會挨餓，週末也可以帶孩子在草地上野餐，沐浴在陽光下，享受童話般的美麗生活。可是，誰也不能否認生活中還存在很多我們無法承受，也不能回避的問題。

哲學家叔本華曾說過：「只要真正看到世界的痛苦及悲劇，誰都會寒心。」儘管他的厭世主義遭到種種非議與譴責，但他仍不失為一位偉大的哲學家。

也許有人會指責我宣傳厭世，認為我這麼做會讓孩子的心靈造成陰影。當然不會，首先，我不是一個厭世主義者；其次，讓孩子知道美麗陽光下的醜陋陰影，不是讓他們變得內心陰暗；相反的，是為了讓他們正視並勇敢面對醜陋。

雖然保持孩子純潔的心靈很重要，但我認為更應該讓他們儘早了解世界的本質，引導他們向「善」。然而，卻很少有家長告訴孩子什麼是真正的「善」，更不用說告訴他們什麼是「惡」了。

殊不知，不知道什麼是惡，又豈能真正行善。

有許多家長從不教孩子正視社會上的壞事，而是讓他們學會視而不見。這簡直是在欺騙啊！它會讓孩子在虛假的美麗中變得麻木、愚鈍、自欺欺人。世界上還有比這更為殘酷的事嗎？

我們不難發現，小孩子都喜歡與那些看起來很親切、很和藹的人接觸。然而，那些欺騙孩子、拐賣孩子的人，幾乎都是這種笑容可掬的「好人」。

我不否認，向孩子講這些道理有時的確是殘酷的，因為心性單純的孩子會對此無法理解。他們並不明白為什麼一個看起

來很「好」的人實際上是個壞人；反之，讓他們相信一個長相凶惡的人是個好人，也是一件非常費力的事。

有一天，我和卡爾在市集上買日常用品，買完東西準備回家時，卡爾被幾個年輕人吸引住了。他拉住我，指著那幾個打扮時尚的年輕人說：

「爸爸，快看，那些人多有紳士風度啊！」

「哦？」我看了看那幾個年輕人，我知道他們根本不是什麼紳士，而是在市集上鬼混的無賴而已。我問他：「他們怎麼有風度了？」

「他們的衣服整潔華麗，還戴禮帽！他們是道地的紳士。」卡爾很欣賞這幾個年輕人。

孩子就是這樣單純，往往只會從外表判斷一個人。小卡爾此時也被那幾個年輕人的外表迷惑了。

一般來說，大多數父母在這種情況下，不是含糊地向孩子解釋一下，就是根本當什麼事也沒發生過，便帶孩子離開了。但我覺得有必要讓卡爾知道那幾個年輕人的真相。當然，重要的並不是知道本身，而是讓他認清周圍的人與事物。我對卡爾說：「你不是覺得他們是紳士嗎？這樣吧，我們現在就跟著他們，看看他們是不是真正的紳士。」

說完，我給卡爾使了個眼色，示意他不要表現出我們在跟蹤他們的樣子。卡爾很高興地同意了。

果然，沒過多久，狐狸尾巴就露出來了，「紳士們」邊走邊趁人不備偷走貨攤上的東西，有時是個蘋果，有時是一盒香皂。卡爾看了之後非常驚訝，小聲說：「爸爸，他們在偷東

西！」

「現在你知道他們的真面目了吧？」我問道。

「他們看上去都是紳士，為什麼要做這些不光彩的事呢？」卡爾很不解。

「這就是我為什麼經常要求你學會看清周圍的人跟事。記住，眼見並不總為實。一定要用頭腦判斷你看到的一切。大灰狼去騙小白羊的時候肯定會扮成仁慈的模樣。」

卡爾傷心地搖搖頭：「我知道了，可是人為什麼那麼複雜？」

我知道，讓孩子了解生活的陰暗面有時確實很殘酷，但儘管如此，這麼做還是非常有必要的，因為這對孩子的將來有好處。這個世界畢竟存在著假、醜、惡，還根本不是天堂；人與人的關係也不像童話世界裡那麼地簡單。身為一個想在社會上立足的人，就必須明白這個道理，並且勇敢面對。孩子也不例外。

▍培養孩子的同情心

我不希望孩子將來成為一個沒有愛好與常識的人。我和妻子共同努力培養兒的愛好、常識與想像力。另外，還用心培養他的情操，讓他成為品德高尚、愛恨分明的人。

我盡力讓兒子學會如何愛別人，讓他知道什麼是人生中最美好的東西，懂得什麼是同情。一般具有同情心的孩子都不會蠻不講理、橫行霸道，他們會去做對社會有貢獻的事情。比如

幫助別人、分擔別人的痛苦等。具有同情心的孩子更容易受到
世人的喜愛，不管是在學校還是在以後的生活中都會擁有更多
的好機會，長大成人後也更能夠與朋友和家庭組成良好的關係。

　　我經常告訴卡爾愛的魔力，並跟他說：愛是上帝賜給人類
最偉大的力量。接納他人、同情他人，就會得到無限的回報。
每個人都曾受惠於人，也應該關心他人。我們應該隨時準備愛
別人。

　　每當鄰近的人們遇到什麼天災人禍等不幸的事情時，我都
會帶著卡爾前去探望那裡的人們。卡爾也總會拿出自己平時積
攢的錢來慰問受災者。這時，我總會加上幾句表揚的話：「卡
爾，你做得很好，儘管你的禮物不多，卻可以溫暖別人的心。」

　　從卡爾小時候起，我就經常用《聖經》裡的故事教育他，他
對於《聖經》裡的人物和故事都很熟悉。所以每當我問小卡爾：
「《聖經》裡的某某人在這種情況下是怎麼做的」時，他就能立
刻反應過來，努力做好事，或者停止做壞事。

　　在我看來，能否同情或關心別人，關係到一個孩子將來能
否被社會所接受，所以這點對孩子來說非常重要。如果想要
孩子長大後具備同情心、愛心，必須從小就開始對他們加以培
養，勿失良機。

　　我和妻子非常重視對孩子的性情教育。為了防止孩子變成
一個自私自利的人，我的妻子在卡爾只有 2 歲多時，就開始教
他心疼媽媽。教他在媽媽生氣時讓媽媽消氣；媽媽生病時體貼
媽媽，為媽媽做一些力所能及的事。

　　這些教育很有效，我們成功地培養起了孩子的同情心，

使卡爾對別人的情感和想法非常敏感，從而為他人減輕痛苦，替他人分憂。他周圍的人都喜歡與他交往，因為他們能明顯地感受到卡爾的純真情感。

一個神清氣爽的黃昏，我跟平常一樣，牽著兒子的小手在田野間散步，並耐心解答他源源不斷的提問。

就在這時，一個衣衫襤褸的流浪漢與我們擦肩而過。這個流浪漢引起了卡爾的好奇。兒子抬起頭問我：「爸爸，這個叔叔為什麼要流浪啊？他需要什麼東西嗎？」對於卡爾的提問，我通常都會讓孩子自己先去思考一陣子，因此，我並沒有馬上就回答他的問題。誰知，他並不像往常那樣刨根問底，而是追上流浪漢問他：「先生，您為什麼流浪？您需要什麼嗎？」

「我想我現在需要一個麵包……」流浪漢笑了起來，也許他從沒想過一個只有 5 歲的孩子能幫他什麼。

他搖搖頭，繼續走。

兒子急忙攔住他：「先生！請稍等一下！」話音未落，卡爾就飛奔回家。流浪漢停了下來，過來問我：「先生，這是您的兒子嗎？」

「哦，他是我的孩子，叫卡爾。」我回答。

流浪漢又對我說：「他很可愛，真是個討人喜歡的好孩子。」

於是我和流浪漢就站在路邊聊了起來，流浪漢告訴了我一些關於他的情況，並講述了他流浪的經歷以及對生命的感悟。

沒過多久，卡爾拿著兩塊麵包上氣不接下氣地跑回來了。他用詢問的眼神看了看我，我點點頭。

「先生，這是我和我家人送給您的。」卡爾把麵包遞給流浪漢，他的神情及動作彷彿都在說，請接受吧！

事後，我問他怎麼想起送流浪漢麵包的。

卡爾說：「因為你曾對我說過行善的人才能接近上帝，我相信你跟媽媽也會贊成我的做法，對嗎？」

不管是男孩還是女孩，都會在成長的過程中自然而然地產生同情心，那幾乎是一種天性。隨著辨識能力的提高，他們逐漸能區分他人的痛苦，並給予關心。

有的孩子不懂得關心他人，多半是因為家庭的不幸及早期教育的不足，造成他們行為殘忍，冷漠無情。要讓孩子學會關愛他人，家庭教育與父母的言行至關重要。

我就是在日常生活中藉由言傳身教讓兒子體會什麼是真正的愛與善良的，我並沒有簡單地讓他背道德規範，因為那樣不會有什麼實際效果。

我經常對兒子說：一個人最大的幸福莫過於能成為高尚的人。高尚的人不僅可以控制自己的情緒、幫助別人分憂，還能夠理解別人的想法與感情。

所以，兒子很小的時候就知道，成為一個品德高尚的人遠比只具有豐富學識的人更能受到人們的尊敬。

假如想讓孩子長大後具有愛心、同情心和責任感，那麼從現在開始就要要求他們。卡爾很小的時候，我就希望他能夠這樣。我沒有降低對他的要求，也不擔心他牴觸這種要求，更不會因為擔心他達不到要求而縱容他。我相信自己的兒子，相信他一定會成為出色的男子漢。

幫助他人是發自內心的善良，這也是一種愛心的展現。善良不僅是一種優秀的品質，它同時也具有偉大的力量，是人類最有力的工具。

　　只要跟卡爾接觸過的人都會非常喜歡他，說兒子像天使一樣善良可愛。他確實是個很有愛心、待人親切的孩子。他從來都沒有跟別人吵過架，並且很友善地對待世界上的每一種動物，即使是一棵小草他也不忍心去踐踏。

　　我可以感受到卡爾心中閃閃發光的東西，並為孩子這種高尚的情操感到無比驕傲與欣慰。

第五章　教孩子學會明辨是非及善惡

第六章
教孩子與他人相處的智慧

「不要輕信任何人，即使是你的父親」

　　我不是很認同時下流行的教育觀點：把孩子培養成一個老實、循規蹈矩的人，因為這樣孩子長大之後才會安守本分地遵循社會規範。儘管這個觀點聽起來似乎不錯，但我可不這樣認為。

　　相反，在我看來，對孩子而言，聰明比老實更重要。老實和循規蹈矩的人不一定能妥善處理好自身與社會的關係，也不懂得如何實現自己行為與社會規範的協調。

　　很多父母想讓孩子相信世界的一切都是美好的，認為這有益於他們的身心健康。其實，這是一廂情願的想法，事實絕非如此。

　　如果孩子從小就相信身邊的任何人跟事，那麼他就只會成為沒有分辨力的人，這樣的人在社會生活中永遠不會成為一名成功者。

　　輕信只會讓孩子變得愚蠢且無能，對此，我深信不疑。有一次，我因公出差到別的教區，時間大概一個星期。也許因為我很少離開卡爾，一星期的短暫分離讓他特別想念我。

　　我回家那天，他異常興奮。馬車還沒到家門口，他就在那兒等著了。

　　我剛從馬車上下來，他就跑過來，興奮地跳起來想撲到我的懷裡。

　　但是，我並沒有像往常那樣抱起他，而是故意閃開了。

　　卡爾撲了空，重重地摔在地上。

可是，他從地上爬起來後並沒有哭，只是不解地看著我。那時，卡爾只有 4 歲多一點。他不明白一向愛他的父親為什麼會這樣做。

我這種「無情」的做法讓妻子滿臉怒容。她責怪道：「卡爾每天都在想念你，你為什麼一回到家就這樣對他？」

我並沒有回答她，只是微微地笑了一笑。

卡爾狠狠地瞪了我一眼，轉身就往屋裡跑去。

這時，我叫住了他：「卡爾，等一等。」他頭也不回，只是站在那裡，好像要聽我解釋。

「爸爸之所以跟你開這個玩笑，只是想讓你明白一個道理。」

「開玩笑？讓我明白什麼道理？」

「我想讓你明白，不要輕信任何人，即使是你的父親。」聽到我這麼說，卡爾轉過頭來不解地看著我。於是，我進一步說道：「當然，爸爸是你最能信賴的人。可是等你長大後，有許多平時看起來對你好的人，不一定會在你身陷危難時關心你、幫助你，就像剛才爸爸對你做的那樣。」後來，卡爾從這件事上受到了良好的教育，他成了一個聰明人，無論哪方面都很優秀。

堅持真理，但要注意方法

當年 40 歲的里德因奇是我們村名望很高的人，他不僅飽讀詩書，還精通多種藝術。學識淵博的他堪稱才華卓越的隱士，言談舉止間無不流露出才華與靈氣。

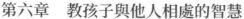

第六章　教孩子與他人相處的智慧

　　里德因奇性格開朗，有一個值得人們尊敬的愛好，那就是他喜歡給小孩子講故事，並樂於幫助孩子們解決一些他們自己不能解決的問題。有一天，他來我家做客，卡爾非常興奮。晚餐後，他約了鄰居家的幾個孩子，圍坐在里德因奇先生的周圍，靜靜地等待著，就像在等待聖誕老人的禮物。

　　稍做準備後，里德因奇先生便開始「演講」了。他口若懸河地講著古今中外的各種奇聞軼事，最後把話題落在了藝術上。

　　這位里德因奇先生確實令人佩服，因為他的談話實在太有趣了，不僅是這些求知欲很強的孩子們，就連我也聽得津津有味。

　　不過俗話說得好：「言多必失」。談論到音樂時，他便犯了一個低級的錯誤。

　　他說：「德國有許多偉大的音樂家，無論在音樂領域的哪一方面，我們都有大師級的人物。比如巴哈、貝多芬，還有帕格尼尼，他們都是偉大的人。」

　　事實上，只要稍微知道點音樂常識的人都能知道他錯在哪裡，帕格尼尼是義大利人。他話沒說完，我就發現了這個錯誤，但是並沒有立刻指出來。我想，他講了這麼多，這恐怕只是個口誤罷了。以他的學識，不可能不知道。

　　然而，卡爾就沒有這樣善解人意了，他立刻將這個可笑的錯誤指了出來。

　　「里德因奇先生，帕格尼尼不是德國人。」卡爾大聲說道。

　　聽卡爾這樣說，里德因奇的臉色一下子就變了，他顯得既尷尬又惱火。

我連忙向卡爾使了一個眼色，示意他不要再說下去。

很遺憾，較真的卡爾沒有注意到我的暗示，繼續說：「帕格尼尼的確是偉大的音樂家，但他是義大利人。只要聽他的名字，即使不了解他的人，也知道他不是德國人。」

雖說童言無忌，但卡爾這樣太直接了。

里德因奇先生明顯覺得很丟臉，他騰地從椅子上站起來，怒氣沖沖地瞪著卡爾：「哼！我在這裡講這麼多，看來真是太多餘了！」

說著，里德因奇先生就往門外走去。

我想攔住他，但這根本沒有用，因為里德因奇先生除了以學識淵博而出名外，還以倔強的脾氣而聞名。

里德因奇先生走後，卡爾問我：「爸爸，難道我說錯了嗎？」

我說：「你並沒有錯，可是這種做法不太妥當。因為你這樣當眾指出了他的錯誤，他一定覺得很丟臉。你沒有看到他羞愧得滿臉通紅嗎？」

「但是他確實錯了啊！我並沒有故意取笑他，只是實話實說而已。」

「德因奇先生很高傲，他會覺得這是當眾出醜。」

卡爾不服氣：「難道為了他的面子，我就不能堅持真理了嗎？」

「真理當然要堅持，不過得注意方法。如果你能在私底下指出他的錯誤，他就不僅不會生氣，說不定還會謝謝你呢！」

「這是為什麼？」

「因為你既堅持真理又給了他面子。要知道，堅持真理是要注意方法的。」

如今，有許多父母只是一味要求孩子成為一個好人，成為堅持真理的人；殊不知，堅持真理也需要有機智靈活的頭腦。我想，明白這個道理會讓孩子將來的人生受益無窮。

▌讓孩子學會讚美與鼓勵

讚美與鼓勵他人往往會使對方把一件事做好。在卡爾成長的過程中，我經常讚美和鼓勵他，目的就是為了讓他能夠更好地學習或做他應該做的事。同時，我也常常教他怎樣鼓勵別人或讚美別人以便得到他人更多方面的幫助。

愛倫維茨是卡爾交情甚好的朋友之一。儘管他的年齡比卡爾大一點，但在許多方面都表現得比卡爾遜色。當然，這並不是說愛倫維茨是個笨孩子，只是他所接受的家庭教育沒有卡爾那麼充分、全面罷了。

有一次，卡爾要想用木塊搭建一座城堡。因為他想把城堡做得宏偉而龐大，這是他一個人無法完成的，於是他就請愛倫維茨來幫忙。

然而，愛倫維茨的表現很不好，無論做什麼都笨手笨腳的，不僅幫不了卡爾的忙，反而經常將已建好的部分弄壞。為此，卡爾非常生氣。

在愛倫維茨有一次不小心弄垮了一根柱子後，卡爾大聲

嚷嚷起來:「你怎麼這麼笨啊?我剛做好的柱子,就被你弄壞了!」

愛倫維茨聽了卡爾的指責後非常傷心,他生氣地跑回家,不再幫助卡爾。

沒有愛倫維茨的幫助,卡爾當天完工的計畫只能擱淺。吃飯時,我告訴卡爾不應該那樣指責朋友,那只會讓自己慢慢失去朋友的幫助。「雖然愛倫維茨有時不夠靈巧,但他本意是幫你,你應該鼓勵他。」「鼓勵一下,他就會做好了嗎?」「是的。愛倫維茨之所以顯得笨拙,是因為他缺乏自信。而你又大聲嚷嚷,他就更沒有信心做好了。如果你能寬容他,並抓住時機讚美、鼓勵他,他一定會做得很好的。」「真的是這樣子嗎?」卡爾還是不太相信。「當然啦!」我笑道,「你以為你天生聰明啊!還不都是因為我經常鼓勵跟表揚你!」

聽我這麼一說,卡爾表示願意試試。

第二天,卡爾為昨天的粗魯行為向愛倫維茨道了歉,並向他表示以後不再那樣說他了。在修建城堡的過程中,卡爾不時地對愛倫維茨的工作給予肯定,還常常誇獎他做得好。

事情正如我預料的那樣,愛倫維茨不僅不再笨手笨腳,而且還做得相當出色,最終幫助卡爾完成了城堡的建設。

愛倫維茨回家後,卡爾對我說:「真沒想到,我也沒有做什麼,只是說了一、兩句表揚的話,愛倫維茨就像變了一個人似的。說實在,他做得真棒!」

我微笑著對卡爾說:「現在你應該明白讚美與鼓勵有著多麼大的魔力了吧。兒子,你一定要明白這個道理,人都需要得到

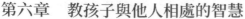

別人的肯定與鼓勵，有時僅僅為了得到他人的讚揚，他也會不遺餘力地工作。所以，在以後的生活中，你一定要學會抓準時機讚美他人、鼓勵他人，這種做法既對別人表示出你的尊重，也會使別人樂於幫助你。你想想看，說一句簡單的話便對人對己都有利，何樂而不為呢？」

從那以後，卡爾再也沒有責怪批評過別人，而是從內心尊重身邊的每一個人。而且，卡爾不但尊重他人，也贏得了他人的尊重。

讓孩子遠離行為不良的朋友

身為成年人，我們都知道人是有感情需求的。人生在世，離不開朋友，我們都知道交朋友是件大事。與周圍的人打交道時，我們不但要用愛去真誠待人，同時也希望別人對自己真誠相待。沒有誰願意去跟魔鬼打交道。

但是成人有時受不良的影響也可能走上歧途，何況是孩子呢？所以我一直主張孩子不要去沾染接觸那些有著壞習慣的人。

有人認為我這樣做太過自私，孩子應該去幫助那些有壞習慣的人。我也想這樣做，但我知道那只是一個美好的願望而已。其實每個人只要認真地對待自己，壞習慣自然會改掉。

我的朋友沃爾夫牧師與我持不同的觀點，他認為好孩子的好習慣能夠感染壞孩子。

就這一主題，我曾經跟他討論過很多次，但他始終堅持自己的觀點。我覺得既然不能用理論去說服他，那就只能以事實

說話了。威廉是沃爾夫牧師的兒子，他幾乎接受了跟卡爾相同的教育。我不得不承認的是，沃爾夫也是一位非常出色的教育家，因為他的兒子在很多方面都不比卡爾差，無論是知識面、語言，還是品德，威廉都表現相當優秀。

沃爾夫經常鼓勵他的孩子去跟那些壞孩子交往，他告訴自己的孩子應該去幫助那些有壞習慣的小朋友。

我雖然承認幫助別人是一種美德，但卻不認同沃爾夫的做法，他這種做法似乎為自己的孩子想得不夠謹慎。

由於不分好壞地跟別的孩子玩，沃爾夫牧師的孩子威廉漸漸地有所變化。我曾經無數次告誡過沃爾夫，但他置若罔聞，固執己見的他堅信，最終一定是自己的兒子去改變那些壞孩子。

對於沃爾夫的固執，我實在無能為力。終於，不該發生的事發生了。

沃爾夫有好幾次發現威廉很晚才回家，已經超出了他規定的門禁時間。當他詢問威廉其中的原因時，孩子向他解釋說，因為有幾個小朋友之間產生了矛盾，他試圖去勸解，還跟他們講了一些《聖經》上關於友善的故事。

「原來是這樣。」善良的沃爾夫牧師相信了兒子的話，他認為自己的兒子從不會撒謊，他為兒子的這一舉動感到高興。這與他的初衷是一致的。

然而他哪裡知道，孩子是在向他撒謊。不過這也不能怪他，因為威廉在此之前從不說謊。善良的沃爾夫牧師做夢也沒有想到，孩子已經沾染了壞孩子的惡習。

後來，當沃爾夫得知事情真相後，氣得火冒三丈。原來威

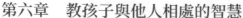

廉他們聚在村外的樹林中賭博，或講些低級下流的黃色笑話。沃爾夫應該知道，賭博是那些沒有受過教育的人的唯一樂趣，而下流的葷話也是為他們所津津樂道的。

威廉的那群朋友幾乎都是這些人家的孩子，他們從小就沒有得到過良好的教育，他們模仿他們的家人，壞習慣及低俗的語言就是他們的家常便飯。可以想像得到，威廉天天和他們在一起會受到什麼影響。

有一天，威廉氣喘吁吁地從外面跑回家，二話不說就跑進自己的房間。沃爾夫看出他驚恐萬分，連忙問他發生了什麼事。

威廉一言不發，始終守口如瓶。

沃爾夫感到非常疑惑，他還認為是有人欺負了自己的孩子。

「沃爾夫牧師 —— 沃爾夫牧師 —— 」門外有人大聲叫他。

沃爾夫牧師轉身一看，一個怒氣沖沖的農婦正在門口。

「您的兒子簡直太不像話了！沃爾夫牧師，您是怎麼管教您兒子的。」

沃爾夫很驚訝，他一直以為威廉是個好孩子。是什麼事讓這位農婦如此生氣呢？

原來是威廉帶著其他孩子去偷她家的雞。她說：「您兒子不止一次帶別人的孩子來偷我家的雞。以前我們家的雞莫名其妙地失蹤，我還以為是魔鬼做的，但今天我發現是您的兒子威廉做的。您是牧師，您怎麼能教孩子做這種壞事……」

事實就是這樣，那些孩子指使威廉去偷農婦家的雞，並一起在野外烤著吃。

最後，沃爾夫牧師終於承認了我的觀點，再也不讓威廉跟那些壞孩子玩了。

在我看來，沒有選擇地讓孩子們在一起玩是極為錯誤的做法，在爭強好勝中就可能變成利己主義者，並且沾染上自私、狡猾、虛偽、撒謊、任性、嫉妒、憎恨、傲慢、爭吵、打架、誹謗、挑撥等惡習。

引導孩子正確處理與朋友的關係

人們一再說，孩子必須融入到孩子群中，有玩遊戲的朋友。否則，孩子就會失去生活樂趣，以致情緒低落，性格孤僻。

我雖然不贊成這種觀點，但由於說的人多了，最終我還是選擇了妥協。經過和妻子商量，我先後選了兩個小女孩做卡爾的朋友。

兩個小女孩都是附近受過最好教育的孩子，會唱歌、會跳舞，他們在一起玩得很愉快。可是結果卻不如想像得那麼好。自從讓卡爾和小女孩一起玩以後，並不任性的他變得任性起來，從不說謊的他也開始說謊了，並開始說一些低俗的語言，甚至變得自以為是跟傲慢了。

我對此很擔心，開始在孩子與兩個朋友玩耍時進行觀察，發現引起卡爾變化的原因在於，兩個小女孩什麼事都順著他。

我告訴小女孩們，不要對卡爾言聽計從，如果卡爾自以為是，就跟我說。但事情並沒有取得轉機，最後我只好讓他們分開。

很多人都認為，既然那兩個小女孩都受過良好的教育，那麼彼此之間應該就只有好的影響了吧。事實卻不是這樣。

家長都知道，孩子都有爭強好勝的心理。兩個女孩子都會唱歌、會跳舞，卡爾也會，這裡面就有一個誰是第一的問題。當兩個女孩翩翩起舞時，卡爾總會對之評頭論足，說她們這個動作不對，那個姿勢不好看。這時女孩子們就要求卡爾來跳。由於男孩子的動作肯定有力而舒展，不像女孩那樣婀娜多姿，女孩子們就會說他的舞姿太生硬、太難看了。

就這樣，矛盾隨之產生了。

結果雙方展開了激烈的爭論。因為對於舞蹈，他們各有不同的觀點。卡爾說舞蹈應該有力，而女孩子說跳舞就應該優美。

孩子們掌握的知識及詞彙是有限的，吵到後來，誰的嘴快，誰的嗓門大，誰就是勝利者。卡爾是個男孩子，因為他強硬的語氣，往往在這種爭論中使女孩們不得不服輸。即使她們心中不服，卻也找不到說服卡爾的理由來。

我們可以看出，卡爾完全是因為氣勢壓倒了對方。這樣便會讓他留下一個印象：他就是比女孩子強。他的優越感因此產生了。可是實際上他不明白，自己的獲勝是建立在不公正的基礎之上。於是在錯覺中，他就自以為是，認為自己什麼都比別人強。

此外，隨著卡爾屢爭屢勝，他就開始輕視對方，認為她們的智力不如自己。

我發現卡爾在很多情況下都是為了說服女孩們而撒謊。他的爭論已經超出了問題本身的範圍。為了獲勝，他不擇手段，

甚至捏造事實。

　　兩個女孩跟卡爾一樣，都年幼無知。單純的孩子是極易被欺騙的。潛在的危害就隨之而來。

　　首先，卡爾從一個不撒謊的人變得像一個騙子，他的欺騙只是為了在爭論中獲勝，而不是為了金錢或者別的東西。這會使他產生什麼都可以透過欺騙得到的想法，這種想法會危及到他的將來。

　　其次，兩個女孩子成了受害者，她們從卡爾那裡得到了錯誤的知識。這也會對她們的將來產生不利影響。由於卡爾本來就有一定的知識，再加上他的氣勢以及撒謊的伎倆，在任何情況下他都能占上風。

　　如此，卡爾自然就無法正確地與這兩個女孩交流溝通了。

讓孩子學會傾聽

　　如果一個孩子不知道怎樣與人交往，就不會發揮自己潛能，並成為一個孤陋寡聞的人。即使他才高八斗，學富五車，頂多也只能算是個孤家寡人式的小神童。

　　良好的人際關係會讓人覺得一切都很順利，反之就會處處碰壁，什麼事情都做不成。而且，善於溝通的人永遠是快樂的，不能與人和睦相處的都是孤獨與不幸的人。

　　有一位朋友告訴我他們家的事：「我們有時候會出現問題，可是我們又不願意老老實實地說出來。部分原因是害怕，部分原因是覺得丟臉。大家全都是這樣，包括我和妻子，還有我們

的孩子。」

　　我告訴他:「如果你們想痛痛快快地把心裡話說出來,我建議你們舉行一個家庭會議,在會議上每個人都可以暢所欲言,把自己的心裡話講出來。」

　　這位朋友採納了我的建議。他們每人買了一個筆記本,在上面記下所有其他人對自己做的錯事。並規定了一個時間舉行會議,每次會議結束後選出一個新的領袖,由他來安排所有的事情。

　　朋友後來告訴我,剛開始舉行家庭會議時,他們彼此還有所顧慮,也還有很多矛盾。可是到了後來,大家都敞開心扉,毫無顧慮地暢所欲言,漸漸地,那些矛盾在不知不覺中消失了,家庭氣氛也融洽了許多。

　　以前,孩子們不敢與他多說話,就連妻子也有些怕他,他自己也確實覺得渾身不舒服。現在,孩子們逐漸地向父母坦露了他們的情感需求,希望父母晚上經常陪他們一起玩一陣子,父母爽快地答應了;同時,父母也提出了對孩子的要求,即孩子要做到準時上樓吃飯、洗澡。他們一家人都認為這種溝通方式非常好,這使父母與孩子可以輕鬆地暢所欲言,而且大家都樂於實施經由民主協商所做出的決定,家庭的情感溝通、家庭教育都獲得了理想的成效。並且,這位朋友和妻子的感情也恢復到了新婚時的和諧與美滿。

　　瑣碎的家庭生活可能會使家人之間產生心理障礙與隔閡,但家庭同時也具備一種積極的力量,家長應該主動而充分地利用這種積極的力量,來解決家庭生活中所遇到的問題。比如:

母親要面對繁雜瑣碎的家務，而孩子的髒亂更增添了她的負擔；父母忙碌了一天的工作，回到家孩子卻調皮搗蛋、吵吵鬧鬧。這時父母也許會覺得忍無可忍，但是，生氣、責罰、打罵沒有絲毫用處，這樣只會加深與孩子情感上的裂痕。家長應該採取一種積極的態度及方法來解決衝突，讓全家人都坐下來，在和諧融洽的氣氛之中舉行家庭會議，這樣的方式能獲得較為滿意的結果。

我認為，積極的溝通不僅是父母教育孩子、與孩子對話的重要途徑，其本身也是一種教育。

從卡爾 3 歲起，我就讓他參加類似家庭會議這樣的活動，與我、妻子以及女傭討論某個問題。儘管他那時還不能聽懂每一個字，但他已經注意到發生了什麼事、人與人之間如何交談、解決一個問題需要具備什麼樣的能力。

家庭會議的方式涉及家庭教育中很多具體而重要的細節，這些可能是被教育的雙方所忽略了的。例如：母親說，如果孩子能幫她洗衣服跟晒衣服，她會很高興；而如果父親能夠多花一些時間陪孩子玩，那孩子同樣也會很高興的。對於父母而言，掌握了這些孩子所在意的細節，無疑有助於他們更深入地理解孩子。這種深入的理解讓孩子信任父母，更樂於接受父母的教育。

在教育卡爾的過程中，我漸漸掌握了一些與孩子溝通的經驗，「傾聽的藝術」就是其中之一。

每天在卡爾睡覺之前，我和妻子都要花一些時間聽孩子講他當天發生的事情。在講述中，卡爾自然會評價自己哪些事情

做得好，哪些沒有做好。於是卡爾慢慢地養成了反省自己的習慣，也讓我們進一步地了解了他的個性及為人處事的方式。所有的家長都希望孩子能對父母敞開心扉，能夠經常徵求父母的意見，並與他們進行交流。不過父母得先學會傾聽孩子；只有在情感上贏得孩子的信任，才能真正地和孩子自由自在地溝通。

在跟卡爾的交流中，我會肯定他一些正確的想法，但是我對他的這種肯定並不表示他可以胡思亂想。對於他那些錯誤的想法，我會跟他講明道理，並讓他及時地修正。

有一天，卡爾對我說，他不喜歡鄰居布勞恩夫人。我問他為什麼，他說布勞恩夫人不苟言笑，一點也不親切。於是我告訴他：「你不喜歡布勞恩夫人，是因為她看上去不親切，很少笑。可是另外有一些事情你也許不了解，布勞恩夫人的心地很好。如果你對她表示友好，她會很高興的。你們會和睦相處的。」聽了這些話，卡爾開始重新認識布勞恩夫人，不久後，他們果真相處得很好了。

晚餐，對我們這個家庭來說，是最重要的教育時刻。

我們時常在餐桌上討論家庭問題。每當這個時候，我都不允許有任何人來打斷我們。在這段時間裡，家裡的每個人都各抒己見。

我發現，利用這種時刻與孩子進行交流的效果確實與平時不太一樣。卡爾在此時談論的事情往往能引起我極大的關注，而他自己也會因此產生一種被尊重的滿足感。

我始終認為「傾聽」是一種很好的教育方式，因為傾聽對孩子來說是表示尊敬、表達關心，這也促使孩子進一步認識自

己及自己的能力。如果孩子覺得他能自由地對任何事物提出己見，而他的想法也沒有受到輕視或奚落，這樣就可以促使他毫不遲疑、無所顧忌地發表自己的意見。先是在家裡，然後在學校，將來就可以在工作上、社會中自信勇敢地正視與處理各種事情。

與人溝通也是一種藝術，它的成功與否包括很多因素，要充分考慮到時間、地點、環境、方式等方面。比如說，當孩子情緒起伏很大時，或者希望在心裡留有自己的空間時，他們所需要的是內心的安慰，而不是提問。這時我會擁抱、撫摸他，傳達沉默而溫暖的信號給他。有時候要表達某些我覺得不便用口頭表達的情感時，我會寫在紙條上再遞給卡爾。應該說，我這些用心良苦的舉動都取得了很好的效果。透過這些努力，我與卡爾之間有了良好的溝通及更深的理解。另一方面，也培養了兒子與他人溝通的能力。

第六章　教孩子與他人相處的智慧

第七章　如何與孩子交流

▋嚴格管教是愛的一部分

愛孩子絕對不是縱容和放任自流。孩子年幼無知、時常犯錯，父母需要嚴格管教，約束他們不正當的行為。要把管教跟愛緊緊地結合在一起，兩者缺一不可。

或許有些父母會認為，孩子在小的時候，沒有必要嚴格要求，應該適當地放寬。我不認同這種觀點，在我看來，這是一種似是而非的信條。因此，我從兒子 1 歲的時候就開始對他進行嚴格的要求。

身為孩子的家長，有責任與義務教孩子知道什麼是該做的，什麼是不該做的。家長是孩子的第一任老師，對孩子的影響是很深的。如果小時候不嚴加管束，那他們自由散漫的觀念將會根深蒂固，等長大後再想改變，恐怕就來不及了。

卡爾 6 歲，有次我帶他去另一個教區的一位牧師家住幾天。

有一天，吃早餐時，卡爾灑出了一點牛奶。在我們家，東西灑了就要受罰，只能吃麵包跟鹽。

可是，由於卡爾喜歡喝牛奶，加上牧師家人又為他特地調製了一種牛奶，這完全誘惑住了卡爾。出於對家規的遵守，卡爾稍作遲疑後，還是放棄了喝牛奶的念頭。我在旁邊裝沒看見，繼續吃早餐。卡爾堅持不喝，對他無奈又疼愛的牧師家人開始勸我，他們猜測一定是因為我過於嚴格的管教，使卡爾不敢越雷池一步。

為了不至於場面難堪，我讓卡爾先出去一下，然後向牧師全家解釋緣由。

他們聽了以後，不以為然，責怪我說：「對一個剛 6 歲的孩子不能太嚴格，因為一點點過錯就禁止他喜歡的食物，這樣的管教對孩子來說是難以承受的。」

　　我費盡唇舌加以解釋，這是孩子自己為了約束自己而做的選擇。牧師全家對我的解釋始終不相信，於是我決定透過一個試驗來說服他們。

　　過了一會兒，我離開了房間，讓卡爾與他們單獨相處。儘管他們熱情地換上了新的牛奶，但卡爾還是堅持不肯喝，說這是他堅持約束自己而做的選擇。

　　到最後，在沒有任何辦法的情況下，他們只好把我叫進去，卡爾流著淚如實地向我報告了情況。

　　我冷靜地聽完後，便予以公正的說法。我告訴卡爾這是給他遵守規矩的獎勵，並勸他為了散步的順利進行，必須吃飽喝足。

　　卡爾聽完我的話，這才高興地把牛奶喝了。僅僅 6 歲的孩子就有這樣的自制能力，牧師全家在深感不解的同時，也是極為嘆服。

　　的確，這種教育在某種意義上來說是很嚴格的。但我認為，只要孩子從小養成了習慣，這種嚴格並不會帶給孩子任何痛苦。這是因為從卡爾很小的時候，我就開始了對他的嚴格教育，他已經形成習慣了，也就不會再感覺到有任何的不快樂了。

　　孩子常常模仿家長的行為，因為家長不但是孩子的啟蒙教師，還是他學習的榜樣。家長要先嚴格地要求自己，才能對孩子進行嚴格的要求。我信仰上帝，就算上帝有一天站在我的面

前，我也一樣會這麼說。我對卡爾的嚴格要求，逐漸地轉變成了卡爾對自己嚴格的要求。因為我經常告誡他，任何人都不能約束你，除了上帝跟你自己。

卡爾很小的時候，他的很多好行為都已經形成自覺，比方說他從不撒謊，這並不是因為他害怕我的嚴厲懲罰，而是由於兒子從心中認知到撒謊是錯誤的行為。兒子心中有一種良好的力量來約束他的行為；而我身為孩子的家長，想要做到的也正是這一點，讓世上一切美好崇高的東西，都能在兒子的身上形成一種本性與自覺。讓卡爾從小擁有美好的心靈是我的責任，我不希望看到孩子從小因為沒有受到良好、正確的引導而迷失方向。

安娜・莫（Anna Mow）說：「多數子女抗拒管教的原因，是因為父母本身在生活上沒有好好約束自己。」如果家長不自律，他們就不可能成功地管教孩子。假設你自己整天坐在電視機前緊緊盯著螢幕，你還能夠教導孩子在學校要勤奮學習嗎？對孩子嚴格管教，家長自己要先學會自律才行。

▌嚴格管教要講求合理的方式

雖然我性格溫順，但對卡爾的教育卻是極為嚴格的，不過，我並不專制。所謂專制，是指硬性地強迫孩子盲從。我從來不會這樣對孩子，我對孩子的嚴格完全取決於道理，採用的也是合理的方式。

無論在教育方法上還是別的方面，我都不贊成專制教育。

以理服人比任何強迫的手段都更加有力量，我對兒子進行了嚴格的教育，卻沒有給他造成傷害的原因就在這裡。

對卡爾的嚴格管教，我是以尊重為前提的。在不傷害他自尊心的前提下講某些他可以理解的道理給他聽。我特別不贊成家長在別人面前貶低自己的孩子，每當卡爾做錯什麼事受到懲罰時，我不會當著眾人的面嘲笑或奚落他。每當我要求孩子必須做事時，會向他說明這件事的必要性，並告訴他這是他自己的事情，並不是強迫他這麼做。

要是孩子在玩耍時不小心弄壞了鄰居的花園或草坪，我一定要他主動承認錯誤，不管鄰居是否知道。

一天傍晚，卡爾在外面興高采烈地模仿古代騎士。他用一根長棍當作寶劍，獨自與想像中的強盜對戰。他的「劍法」好極了，一會兒刺，一會兒砍，早已把自己當成了真正的英雄。我很高興讓卡爾如此活潑地玩耍，因為這樣的遊戲有利於發展他的想像力，也有利於他的身體健康。我在前面說過，我不喜歡沉悶的生活，不想讓卡爾變成所謂呆頭呆腦的學者。

就在這時，卡爾突然「啊！」地驚叫了一聲就愣住了。原來兒子在這場激烈的戰鬥中，不小心用劍砍倒一束鄰居花園中的花。我看到這種情形後不動聲色地繼續觀察兒子，看他會如何處理這件事。

卡爾看到鄰居的家裡並沒有人出來，也沒有發現我正在觀察著他。他想了一下，邁開步伐準備逃走，我趕緊叫住了兒子：「卡爾。」

這時，卡爾知道這件事已經無法逃脫，就低著頭慢慢地朝

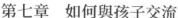

我走來。

「你知道你犯了個錯誤嗎？」

「知道。」卡爾小聲地回答。

「那你知道應該如何處理這件事嗎？」我表情嚴肅地問他。

「不知道。」卡爾低下了頭。

「兒子，聽我說。你應該做一個誠實的好孩子，向鄰居道歉。」

「可是，我不是故意的。」卡爾並不知道道歉的涵義。

「卡爾，你一定要記住，錯誤一般都是在無意中犯的。但既然犯了錯，你就應該為自己的行為負責。雖然鄰居沒有看見是你做的，但他們確實因你而受到了傷害。人不能傷害了別人就溜之大吉。你不是在扮演古代的騎士嗎？騎士是勇敢正直的人……」

「爸爸，我知道了。」卡爾像一個真正的騎士那樣去向鄰居道歉了。

第二天，我碰見鄰居。鄰居根本沒有提起花被損壞的事。他只說了一句話：「威特先生，您兒子卡爾真是個誠實的孩子。」

卡爾崇拜英雄騎士，我用騎士精神激勵他，而不是大聲責罵他──那樣不但驚擾鄰居、傷害兒子的自尊，還可能擴大事態。要讓他覺得道歉並不是那麼難為情，也讓他明白不管是否有意犯錯，都要對自己的行為負責。

很多家長認為對孩子的嚴格教育就是專制教育，無形中就將自己變成橫行霸道的暴君式家長，而將孩子養成唯命是從

的弱者。他們常常對不聽話的孩子用粗暴的方式來管教，這樣的教育方法絕對是不正確的，它不僅不能讓孩子正確地認識自己，還會讓孩子對家長，甚至所有的人類產生怨恨的情緒。曾經發生過這樣一個故事：

有一個孩子有隻羊，他經常獨自一人牽著羊去山坡上玩耍，每當他看到心愛的羊愉快地吃著山上的嫩草時，就感到快樂。在孩子幼小的心靈中，那隻羊已成了他最好的朋友，他把自己聽來的故事及傳說都講給羊聽。他覺得和羊一起在山坡上晒太陽是最幸福的事。

可是有一天，在陽光的照耀下，孩子躺在山坡上睡著了。他夢見自己和小羊一起玩耍的快樂情景，但是當醒來後卻發現羊不見了。

孩子心急如焚地尋遍了整個山坡，仍舊沒有看到那隻羊的蹤跡。天快黑了，他趕緊跑回家把這件事告訴父親，請他來幫忙找羊。可沒有想到，當父親聽說羊不見之後，二話不說就舉起棍子打得孩子鼻青臉腫，額頭也被打破出血。

「你給我聽著，我只有這隻羊，沒找到牠就永遠別回來……」說完，父親就把他鎖在了門外，不准他進屋。孩子傷心極了，他一個人在黑暗的山上奔跑，始終不明白父親為什麼要這麼狠心地揍他。他自言自語地說：「我並不是故意丟失小羊的啊，小白羊是我最好的朋友。牠失蹤不見了，我也一樣非常的傷心難過啊。父親因為我弄丟了他的羊，就不再讓我回家，難道羊比我更重要嗎？」

沒過多久，孩子抬頭看到不遠處有一個白色物體，於是他

悄悄地走近，看到的正是他丟失的那隻小白羊，在快樂地吃著嫩草呢。可是受到父親粗暴對待的孩子，這時卻一反常態，不是像以前那樣高興地跑過去輕輕地抱起這隻小羊；他舉起了身邊的一塊大石頭，哭著對小羊說：「都是因為你，害我被打了一頓！因為你，父親才會這樣對我。」孩子邊哭著說，邊將石頭使勁地往小羊的身上砸了過去。

第二天，人們在山坡的岩石後發現了這隻已經死去多時的小白羊，而那個孩子後來也再也沒有回家。

可以想像得出，那個孩子心裡是多麼地痛苦，否則他就不會親手殺了自己最心愛的朋友。

父母的粗暴及專制會在孩子身上留下永遠不可磨滅的陰影，這種陰影可能會將一個原本善良的孩子變成像魔鬼一樣的壞人。

孩子並不是不懂道理的

想要讓孩子成長為一個正直的好人，必須從孩子年幼時就開始嚴格教育。很多家長會發現，孩子很小的時候就喜歡撒謊。撒謊，有善意的，也有惡意的。我認為，幼兒的撒謊很多都是善意的。當孩子做錯事後，為了逃避家長的懲罰，他們通常會撒謊。針對這種情況，家長應該悉心了解孩子的內心世界，首先弄清他們為什麼要撒謊，然後再採取可行的方式去教育他們。家長們不要覺得孩子年齡太小就不懂道理，其實他們是可以理解的，千萬不能小看你的孩子。

在卡爾 2 歲的時候，我就用講道理的方式來教育他。有一次，卡爾在餐桌上打翻了一個水杯，而我剛好去了別的教區不在現場。沒過多久，妻子就發現餐桌被弄溼了，而卡爾的水杯卻空了。

「卡爾，是你打翻了水杯嗎？」妻子問道。

卡爾露出很害怕的表情，連忙搖頭表示否認。

妻子很疼卡爾，看他活潑可愛，明知道是孩子弄翻了水杯也沒有責備他。

晚上回家後，妻子將此事告訴了我。

我認真地想了想，雖然當時不在場，但我認為有必要和卡爾談一談。

「兒子，今天是你弄翻了水杯嗎？」我一本正經地問他，可是卡爾仍然搖頭否認。

「卡爾，你要告訴我事情的真相，應該說實話，上帝是可以看到的。」我板著臉說：「任何人，包括你母親、我，還有上帝，都不喜歡撒謊的孩子。」

卡爾聽了我的話後終於承認是自己做的，而我也沒有因此責怪他。相對於讓他養成撒謊的毛病，弄翻水杯本身的影響簡直微乎其微。

不少家長對孩子的小謊言不以為然，甚至覺得他們這樣很好玩。對此，我很難苟同。撒謊是罪惡之源，一旦形成了撒謊的壞習慣，就很難再改變它。

撒謊是不尊重別人的行為，它影響了人們彼此之間的親密

關係，讓人們互相猜疑與不信任。我們是不會想常常跟一個愛撒謊的人共處的。更深一層的道理，我會在兒子稍微長大一點後再講給他聽。在兒子年幼的時候，我會告訴他不誠實的孩子是不好的，會受到上帝的懲罰。凡是跟卡爾接觸過的朋友，都說他是一個從不撒謊的好孩子，唯一撒謊的事情就是曾否認過他打翻了水杯這件事。從那以後，無論卡爾犯了什麼錯誤都會勇敢地承認，一直到現在，我也沒聽到有人反應說卡爾有不誠實的行為。

不要過度縱容孩子

我認為人是要互相尊重的，要想讓孩子尊重家長，首先家長就必須學會尊重孩子。而且要在孩子很小的時候，就讓他養成尊重別人的好習慣。過分縱容孩子並不是尊重他；要希望將良好的品德傳授給孩子，家長就必須以身作則，自身先具備良好的品德。在對孩子進行教育前，家長自己要先知道什麼是是非對錯，要知道採用怎樣的方式去對待孩子的過失。

卡爾不到 2 歲時，有一天，我們剛吃完飯，他就要吃點心。我認為吃得太多影響他的健康，就沒有給他。沒想到他耍起性子，躺在地上大哭大鬧。他母親心軟，就趕緊給他點心：「好了，卡爾快起來吧！」卡爾透過哭鬧成功地得到了他想要的點心。

當時，我並沒有說什麼，但意識了到卡爾的哭鬧是在挑戰父母的權力，並且在這種挑戰中取得了成功。

後來，我和妻子談了這件事，並告訴她我的想法。我認為不能由著兒子的性子。這種遷就與放縱會產生極為惡劣的影響。

　　如果孩子知道哭鬧能得到他想要的東西，以後他還會哭鬧，隨著他能力的加強，他長大以後的方式就會變本加厲。這種無禮將不只是針對他的父母，還會針對所有人。只要想得到什麼，他都會以無禮的方式要求他人來滿足自己的要求。

　　在日常生活中，有許多事實可以證明父母與孩子早期的關係，會影響孩子將來與他人之間的關係。

　　卡爾的品學兼優早已眾所周知，有一天，一位鄰居來請教我怎麼教育孩子。

　　他垂頭喪氣地告訴我他兒子有多糟糕：「兒子年幼時，我和妻子沒有好好教育他尊重父母，他把家裡搞得一團糟。我妻子覺得他還小，長大後就好了。誰知他變本加厲，脾氣越來越暴躁、自私自利、固執己見，還經常對我們發脾氣，無視家庭跟父母，好像什麼都不如他的意。他做錯事，我們也不敢管，而且他比我們還厲害。他才 12 歲，就像一匹脫韁之馬，我們已經完全管不住他了。」

　　無論年齡多大的孩子都會有心情不好的時候，會有不良的情緒以及叛逆心理。兒童剛剛開始發展他們的認知能力及控制情感，此時是家長進行教育的最佳時機；如果不及時進行適當的教育，小孩子就容易變得脾氣暴躁、不服管教。

　　如果卡爾不小心撞倒了桌子，打翻了杯子，或是弄壞了我的東西，我也不會責怪或懲罰他，只是隨時提醒他小心，不要那麼魯莽。因為他並不是故意無理取鬧或向我挑戰，所以不

用對此負責。反之，如果他為引起我的注意或不順心而胡鬧的話，那他一定會挨罵或受到懲罰。

　　所幸，這種事很少發生在卡爾身上。因為他很小的時候，我就以身作則先尊重他、從不無故訓斥他，所以他自然會尊重我。

如何教孩子學會自理

　　嬰兒來到這個大千世界，往往會由於他的弱小而感到束手無策，但是他們仍要有勇氣進行各種嘗試，學習各種方法，使自己融入世界之中。我堅信不管卡爾現在多弱小，總有一天他會成為立足世界的強者。我要付出全部的愛與精力，來鼓勵他努力融入這個世界，學習他不懂的東西。

　　很多家長覺得孩子只有在某一個年齡層，才可以做某一種事情。這種觀點其實是不正確的，我從來不這麼認為，我看重的是在卡爾幼小的心靈中樹立起他的自信心。兒子 2 歲的時候就會自己主動幫助親收拾桌子。每當來我們家做客的朋友看到卡爾手中拿起一個盤子時，他們常常會提醒孩子說：「注意，卡爾，小心別將盤子弄破了。」在這種情況下，我就會對好心的朋友們說：「不要緊，卡爾自己會處理好的。」

　　好心的客人並不知道，如果我不允許他去碰盤子，或許我會永遠保住那個盤子；但「不准」一出口，就會在他的信心上留下一個陰影，很有可能推遲他某種能力的發展。

　　對於孩子自己動手做的事，家長要給予適當協助。如果天

冷，可以先給孩子套上毛衣，然後讓他自己穿，這樣既省時間
又避免孩子著涼。生病的幼兒體力弱，需要大人較多的幫助，
不應強調讓他自己來。同時，對於孩子不會做的，要邊講邊示
範，以便孩子模仿。較難的動作如繫鞋帶，需要多次示範，包
括在玩遊戲中示範，並讓孩子多次練習。對於孩子的進步，看
他做得對就對他微笑、點頭、拍拍手，表示讚賞。這對孩子是
很大的鼓勵。

　　當卡爾嘗試自己穿衣服時，他經常把衣服穿反。我跟妻子
從來沒有因此嘲笑或責罵他，而是耐心地教他，因為我們不可
以讓兒子覺得自己無能。

　　我還鼓勵卡爾自己收拾房間，就算收拾得很不整潔，我也
會誇獎他。是否整潔本身並不重要，對卡爾來說，他做了，這
就夠了。

　　我堅信，卡爾只有在這樣的動手實踐中不斷探索與鍛鍊，
才能使自己真正成一個有所作為的人。

　　如果孩子犯了錯或做了一件失敗的事情，家長們不應用語
言或行動來指出孩子的失敗。要知道，孩子做了一件不成功的
事，這說明他還缺乏經驗及技巧，這並不表示孩子本身缺乏能
力，家長們應該要有耐心去指導他們。

　　勇於犯錯與積極地改正錯誤是同樣珍貴的行為，家長應培
養孩子們勇於犯錯及勇於失敗的行為，因為兒童跟成年人一樣
有能力去犯錯和改正錯誤。

　　這樣的鼓勵才可以培養孩子良好的自信心及獨立。因此我
在對卡爾進行教育的過程中，總是盡量鼓勵兒子去做一些他力

所能及的事情。當他碰到問題時，我常常讓兒子盡量自己想辦法解決。

　　我特別早就有意識地培養卡爾良好的生活規律，讓他精密地安排自己的時間，完成學習任務、發展興趣愛好。這不是用規定限制他，而是讓他充分發揮自己的才能，以達到不斷改善自我的目的。

▌責備孩子要講求正確的方法

　　一般來說，人們都不喜歡被責備，因為這讓他們的自尊心不好受，感覺很沒面子，孩子自然也不例外。因此在接受責備時，他們往往會產生一種牴觸情緒，使責備難以達到很好的效果。父母一定要注意責備的方法與分寸，要讓責備達到春風化雨、甜口良藥也能治病的效果。不恰當的責備對孩子的心理影響非常大。身為家長，要採取恰當的責備方法，讓孩子心服口服。

　　家長尤其要注意的是：責備孩子不等於將孩子當成自己的出氣筒，並且懲罰孩子。要知道家長的一言一行，都可能對孩子產生永遠的影響。我在對卡爾進行教育的過程中，總是非常細心地觀察他所做的事，並且盡量去理解兒子。就算因為某件事要責備兒子的時候，也會在將事情的真相弄清後再評價。

　　我經常用卡爾能夠理解的道理或事例去教育他，如果不能讓孩子完全理解，那無論怎麼教育都難以達到最好的效果。在講道理給卡爾的時候，我通常都會跟他說一些容易理解的道

理，而不是強行灌輸那些高深莫測的東西給他。書本上的道理可以講給孩子，但不能用艱深的文字，那種生硬的大道理孩子普遍難以接受，要用孩子容易理解的語言。

責備孩子不等於懲罰，或把孩子當作自己的出氣筒。這一點是我時時刻刻謹記在心的教育原則。因為我知道，父母的一舉一動、一言一行都會永久性地影響孩子。

在對卡爾的教育上，我一直特別仔細地觀察他所做的事，盡量去理解他。

比如，當我偶然發現卡爾對學習的興趣下降。因為卡爾一直是個喜愛學習的孩子，所以遇到這種情況時，我並不急著去責備卡爾。這時，我首先想到的不是「這個孩子不勤奮學習」，而是會想：「卡爾怎麼啦，他遇到了什麼問題或不愉快的事情了嗎？」

在這個前提下，我會尋找一個合適的時機耐心地與卡爾交談，說服教育，而不是盲目地選擇責備。有一次，我發現卡爾坐著發呆。休息時，我對卡爾說：「不管做什麼事都要專心致志，只有集中精神才會效果顯著；如果心不在焉，即使花費很多時間也毫無意義。不集中全力去學習和工作等於浪費生命。」

卡爾看著我，小心翼翼地說：「爸爸也注意到了我學習時打瞌睡嗎？」

「是的，你不是一直對學習保持著濃厚的興趣嗎？可是今天怎麼忽然對學習不感興趣了呢？」

「不，爸爸……」卡爾沒有立即回答，稍後才說：「我對學習仍是興趣十足，掌握了知識讓我真的感覺到了幸福。」

「那你今天怎麼在學習時分心呢？」我很是不解地問道。

「只是……只是……」

「只是什麼？告訴爸爸，好嗎？」我想，兒子心中一定有解不開的疑問。

「只是我今天突然想到，學那麼多的東西會有用嗎？」卡爾說出了他的心裡話，「學習木工可以做家具跟建造房屋，學打鐵可以製造炊具跟農具，但我學了那些語言和詩歌做什麼呢？只是為了好玩嗎？」

他這樣發問，我不怒反喜，因為我知道卡爾已經開始深層地思考問題了。這是對他進行更深一層教育的好時機。

「孩子，你能想到這個問題我非常高興，這說明你在思考。」我先對卡爾的這一行為表示肯定。

「首先，知識是一切力量的泉源。比如說，如果你沒有力學的基礎知識，你怎麼會知道一幢房屋需要多大的木材去支撐它呢？如果不會數學，你怎麼預估耗材？你怎麼選擇最合理的設計？如果你沒有審美知識，怎麼能建造出漂亮的房屋呢？如果沒有知識作為基礎，這樣的木匠可能永遠也建造不出房屋，他只能對著木頭發呆，最後他可能也成了一塊木頭！」

我力求做到說理活潑有趣，卡爾聽完後不禁笑了起來。

「如果鐵匠不懂火如何將鐵熔化變形，怎麼做出那些炊具呢？這裡面就有物理知識。如果鐵匠連這個都不懂，他只能用牙去咬它們了。」我做了一個用牙咬的動作，「你猜猜會有什麼結果？」

「他一定會把牙咬掉的……」這時卡爾大笑起來。

「詩歌、文學、繪畫、音樂、哲學，這都是人類智慧的產物，是世界上最美好的東西。還有語言文字，這是只有人才具有的。為什麼要你學習各種不同的語言呢？目的不是為了把你培養成外交家或是翻譯，而是要讓你去了解不同國家、不同地域的文化。」

「你說你喜歡但丁，如果你不會讀義大利語，你又怎麼能夠真正地去理解但丁呢？那些詩句的美妙，你只能用義大利語才能體會。」

「更重要的是，孩子，就像你自己說的，你在學習中體會到了快樂與幸福，難道這還不夠嗎？一個人有了快樂與幸福，他還企求什麼呢？」

透過耐心的教導，我看到卡爾的眼睛中逐漸散發出了喜悅的光芒，他心中的疑團徹底煙消雲散了。

事實上，孩子能夠學有所成，關鍵在於他的求知欲及學習中所體會到的幸福感。身為家長，面對孩子的疑惑應該耐心地幫助他解答。面對孩子的行為，如果不經過思考就片面地去理解，那不但幫助不了孩子，反而會產生負面作用。

試想，假如當卡爾學習心不在焉的時候，我採取的是責罵而不是給予關心及解釋，那麼情況就會完全不一樣了：

當我發現卡爾捧著書，裝作在閱讀，其實卻心不在焉，於是火冒三丈地衝上去打了他一個耳光，並且嚴厲地對他說：

「你這個混小子，到底在亂想些什麼呢？」

卡爾自然會被我的粗暴行為嚇到，他會恐懼不安地說：「我、我正在讀書。」很明顯他是在撒謊。

　　然後我繼續衝著他大吼起來：「你還敢撒謊騙我，你知不知道讀書時打瞌睡是不對的？」

　　卡爾並沒有回答我的問題。那我就會更生氣地大聲問：「小畜生，你沒聽見我的話嗎？為什麼不說話？」

　　兒子本來想跟我說出他的一些想法，這時候卻不知道說什麼好，一直說不出話來。

　　「快說你到底在想什麼？太不像話了，讓你讀書你卻打瞌睡！」兒子終於鼓足勇氣說：「我剛才在想，我學這些知識究竟有什麼用處呢？木匠可以蓋房子，鐵匠可以製用具，我學語言文字有什麼用？」我聽了兒子說的這些話，又生氣地賞了他一記耳光：「你這個不求上進、沒有用的傢伙，喜歡做靠體力生存的粗人，我簡直是白教育你了。」

　　兒子感到很委屈地說：「可我想不明白……」

　　我蠻橫地打斷兒子的話：「什麼不明白？我讓你學什麼，你就得學什麼。」

　　如果孩子有這樣的家長，那真是人生的不幸。這種做法既沒有把握住教導孩子的良機，也傷害了兒童的自尊心，甚至會在孩子的內心留下極為不好的印象。他因此形成一種觀念，認為學習是一件可怕的事，學習的目的就是為了討好家長。這樣的教育是不可能培養出優秀的人才的，甚至會在頃刻間扼殺掉孩子本來具備的求知欲望。

家長應該盡量保持一顆童心

家長只要保持著一顆童心，就能輕易地走入孩子的世界。卡爾之所以能成為一個優秀的孩子，與我和妻子的性格有很大的關係，我們都是活潑、開朗、富有一顆童心、純真的父母，至少在教育卡爾時是這樣子的。

所謂童心及童趣，對大多數父母來說，的確已經是很遙遠的事了。每當我們緊皺眉頭、生氣地訓斥著在下雨天玩水弄髒了鞋子、沾汙了褲子的孩子時，好像很理所當然。但孩子心裡不明白：這麼好玩的事情，父母為什麼不贊成呢？他們懷著興奮的心情跑回家，本想向父母訴說一番戲水的情景，與父母分享快樂，結果卻被澆了一盆冷水。火熱的心被澆涼了，小孩被劈頭蓋臉地訓斥一頓後，不明白這是為什麼？

事實上，我們有些家長教育孩子失敗往往就是因為缺乏童心。家長常用成人的眼光看孩子，其實孩子有自己的天地，他們對任何事物都感到新奇，充滿了幻想，愛好遊戲、愛提問題。可是有些家長讓孩子「規規矩矩」，總想把孩子變成「小大人」。這種脫離年齡特點的教育，很容易造成兩代人的隔閡，多數是要失敗的。

小孩的童心及童趣，應該受到所有人的尊重，尤其應該受到自己父母的尊重；父母只要盡可能多保留一些童心及童趣，就會發現教育孩子其實並不是一件很難的事情。

有一天，妻子正在織毛衣，卡爾卻在一旁吵著要跟她玩小火車。妻子一看這有什麼好玩的，於是說：「不好玩，你自己去

玩吧，媽媽要織毛衣。」說完，仍埋頭織毛衣。不料卡爾卻「哇
——」地一聲大哭，「啪」的一聲把玩具摔在地上，感到委屈
極了。無奈，妻子只好哄著他一起玩玩具，孩子很快就破涕為
笑，十分快樂。

　　卡爾為什麼會這樣生氣地摔小火車？我認為可能正是妻子
當時缺乏「童心」所致。對大人來講，玩小火車肯定沒什麼意
思，可是小孩子就不同了。由此我悟出一個道理：要使父母的
教育潛入孩子的心靈，引起「教育效應」，做父母的一定要有一
顆童心！

　　做父母的雖然經常跟小孩在一起，但如果缺乏童心及童
趣，就很難進入小孩的世界，彷彿咫尺天涯。因為兩代人之間
找不到共同的愛好及語言，難以真摯地交流思想與感情。

　　那麼，父母應該如何做才能擁有跟孩子一樣的童心呢？

　　首先，要了解孩子的心理。不了解孩子的心理就不會有童
心，儘管你是為了孩子著想，但很難取得好的效果。

　　比如，下雪天孩子想跟小朋友去打雪仗，可是媽媽怕孩子
著涼，把他關在屋裡。孩子苦苦哀求：「媽媽，讓我玩一陣子
吧，玩一陣子就回來。」媽媽卻說：「外面天氣冷，小心著涼。
他們比你大，會欺負你的。你有這麼多玩具，在家自己玩！」孩
子哭了，這小天地怎麼能與朋友打雪仗相比呢？

　　其次，要知道孩子的要求。

　　我曾經在一本雜誌上看過一篇文章，是一個孩子寫給父母
的，這份文章充分表達了孩子對父母的要求，這對家長了解孩
子有一定的啟示作用：

1. 我的手很小，無論做什麼事，都請不要要求我十全十美。我的腳很短，請走慢些，以便我能跟得上您。

2. 我的眼睛不像您那樣見過世面，請讓我自己慢慢地觀察一切事物，並希望您不要對我加以過多的限制。

3. 家務事是繁多的，而我的童年是短暫的，請花些時間跟我講一點世界上的奇聞，不要只把我當成取樂的玩具。

4. 我的感情是脆弱的，請對我的反應敏感些，不要整天責罵不休。對待我應像對待您自己一樣。

5. 請愛護我，經常訓練我對人的禮貌，指導我做事，教育我靠什麼生活。

6. 我需要您不斷鼓勵，不要經常嚴厲地責備、威嚇我。您可以指責我做錯的事情，但不要責罵我本人。

7. 請給我一些自由，讓我自己決定一些事情，允許我不成功，以便我從不成功中吸取教訓，總有一天，我會自己決定自己的生活道路。

8. 請讓我跟您一起娛樂。孩子需要從父母那裡得到愉快，正像父母需要從孩子那裡得到歡樂一樣。

再次，要經常回憶自己的童年。

每個人都有自己美妙的童年。做父母的不要忘了自己的童年：彈力球、打彈弓、吹泡泡、扮家家酒，都曾使我們迷戀過；騎馬打仗、打雪仗、躲貓貓，也曾使我們激動過。如果我們能回憶一下這些，對於理解孩子、正確引導孩子都是大有好處的。

最後，要看到社會的變化。

有些父母說，我有童心，我經常拿小時候的情況與現在的孩子比，可是越比越麻煩，與孩子的代溝越深。這是為什麼

呢？這是由於機械式的對比造成的。父母要保持童心，但不能完全沉醉於自己兒童時代的那顆童心，而是要用發展的眼光看社會，要看到時代前進了、社會發展了，現代孩子的興趣、愛好與我們童年有了很大的差別。孩子的生活條件改善了，智力開發早了，資訊廣泛了，思想開放了，觀念也改變了。父母如果看不到這些，就會造成與孩子的隔閡。所以我說的保持童心，不完全是指父母自己童年時的童心，而是現代兒童的童心。這就要求父母時時研究社會變化對孩子造成的影響，不能以舊的觀念看待新一代的孩子。

第八章
學會誇獎你的孩子

▎恰當的誇獎是孩子的信心之源

「你是非常聰明、非常優秀的孩子。」這是我在教育卡爾時講得最多的一句話。每當卡爾遇到困難和挫折時，我總是用這種讚美的語言為他樹立起堅定的信心去解決困難、擺脫內心的苦惱。

誰都有失落或失去信心的時候，更何況是孩子呢？卡爾畢竟還是一個小孩子，弱小的他肯定會遇到很多難題，我當然要竭盡全力地幫助和支持他。每當他傷心失落時，我總會說：「你可以的！爸爸相信你！」只有讓孩子充滿信心，才能讓他去勇敢地面對未來人生的一切挑戰，才會創造幸福美滿的生活。

那麼，怎樣才能讓孩子充滿信心呢？這就需要家長耐心地培養，並經常性地對他說一些鼓勵的話。假如我讓卡爾從小就缺乏信心，我實在不敢想像他現在會變成怎麼樣的一個人。孩子特別需要旁人的稱讚與誇獎，誇獎孩子證明父母對他有足夠的信心，同時也堅定了他的自信心。只有當孩子對自己充滿了自信時，父母才能培育出傑出的人才。

卡爾剛學寫作時，一點自信都沒有。他忐忑不安地把第一篇文章遞給我時，不自信的眼神似乎在等待著我的宣判。那篇文章確實糟糕透了：主題不明確，句子不完整，錯字連篇。我該怎麼評價這篇文章呢？卡爾本來就對此沒信心，單純的「不好」肯定解決不了問題。我的沉默讓卡爾多了一絲傷心的眼神。「很好！你的第一篇作文比爸爸那時候強多了！」這個出人意料的評語立刻讓興奮帶走了卡爾的憂傷。過了幾天，他又寫了一

篇文章給我看，這次寫的作文明顯比上次好很多。

信心的基石是「自信」。自己都不信任自己的人，就沒有信心可言。經常給孩子一些適當的誇獎及稱讚能樹立起孩子的自信心。

不管是成人或者兒童做事，如果對自己缺乏自信，必定不會成功。反之，對自己充滿自信，他無論做任何事情，都會勇往直前最終取得成果。

「對孩子最重要的教育，就是要讓他對自己充滿信心。」這是我在教育兒子的過程中最深的感悟。

時至今日，卡爾在各方面取得的成績都是亮眼的，他當然是一個很有自信的人。但我想說的是，他這種自信並非是天生的。實際上，他在小時候並不是一個非常自信的孩子。

記得在卡爾大約 5 歲的時候，頗有唱歌的才華，我便想把他推薦給唱詩班的威勒先生。威勒先生是教堂唱詩班的負責人，成員們的音樂教師及指揮。他很願意接收卡爾，並讓我馬上把卡爾送過去。

跟以前一樣，我依舊會在給卡爾安排事情時先徵求他的意見。

沒想到卡爾這次卻有些猶豫，覺得自己不適合參加這種活動，因為會影響平常的學習。

他的想法可以理解，但是真正的原因並不在這裡。從我們後來的談話中，我知道他很想參加，只是信心不足。在我苦口婆心的勸說下，卡爾終於答應試一試。按照慣例，每一個要加入唱詩班的孩子都必須經過考核。於是，威勒先生便在一個星

期日下午為卡爾安排了考核。

　　那天到場的人很多，除了唱詩班的孩子們以外，還有許多剛做完禱告的人們。

　　威勒先生向大家介紹了卡爾之後，便坐在風琴前準備為卡爾的演唱伴奏。

　　但是，在威勒先生的風琴聲響起了很久之後，卡爾仍然沒有唱出一句，他太緊張了。看到這樣的情形，我請求暫停，並把卡爾叫到了一邊。

　　「你怎麼不唱呢？」

　　「我怕唱不好。」卡爾怯怯地說。

　　「還沒唱，怎麼知道唱不好？」我鼓勵信心不足的兒子說，「你知道為什麼威勒先生把考試安排在星期天嗎？因為他早就知道你唱歌好，有意讓大家都來聽，還要讓那些唱詩班的孩子不敢小瞧你這個新來的。他反覆地跟我說，如果你來唱詩班，會大大提高唱詩班的水準的！」

　　「這是真的嗎？」聽完我這麼一說，卡爾馬上興奮地走回去。

　　卡爾再次站在了風琴前，他唱得相當出色。

　　正是鼓勵，讓卡爾發揮地如此出色。

　　為了讓孩子保持信心，即使他做得非常差，也要善於對他進行誇獎，以免孩子悲觀失望。家長一定要多幫孩子找自身的優點，一定要找出他閃光的地方給予誇獎。所以每當卡爾得了「優」，我都會大大地稱讚他一番，以此來增加他的信心。如果

成績是「中」，誇獎也是很重要的，此外還可以幫他找原因，但重要的依舊是誇獎。

美好的東西總是讓人回味無窮，醜陋的東西總是令人膽顫心驚。「誇」可以使被誇者產生美好的心境、留下美好的回憶，從此激勵自己不斷前進。

卡爾每做一件好事，我總是會誇獎他一番，聽到我的讚美，他就會信心倍增。總之只要孩子有可取之處，就要慷慨地給予誇獎。即使孩子做錯事，也不能挖苦；只要孩子誠心改正，父母就要既往不咎。

當孩子做事不成功的時候，父母不能對他說「就知道你沒有這個能力」之類打擊他信心的話，每個人都會經歷成功與失敗，然而失敗常常會比成功多，因此我們要多加鼓勵孩子，幫助他從失敗中走出來。

▌用誇獎引發孩子的天賦及潛能

孩子的天賦是全方位的，其潛能是否能得到最大限度地發揮，關鍵在於他們的父母而不在孩子。只要家長善於發現孩子的優點，及時予以誇獎，為孩子提供良好的發展環境，那麼孩子就會進步很快，將來大有作為。在教育卡爾的實踐中，我對此感受很深。

我認為，孩子的長處及短處與生俱來，教育孩子應該揚長避短，這是每一個父母的神聖責任。

父母應該根據孩子不同的興趣，採用不同的獎勵方式。孩

子如果生來就喜歡音樂，優美的樂曲會很好地訓練孩子的大腦。如果孩子節奏感很強，對音樂入迷，很可能有音樂天賦，父母就應該給予他更多的「音樂獎勵」。

孩子的繪畫才能是從分辨各種顏色開始的，如果孩子對顏色敏感，並且經常到處塗鴉，那麼這個孩子可能有繪畫的天賦，家長就應該買畫筆、顏料和紙給他，鼓勵他畫畫，並帶他去觀察大自然的風光，開闊他的視野。

孩子如果特別喜歡說話、講故事，那他很可能有語言天賦。除了天賦，語言能力大部分都是後天培養的。語言是人類最基本的能力之一，父母應給予特別的關注。經常和孩子「對話」，雖然他們不會說，但至少能培養他們對語言的興趣。孩子小時候說錯話是很正常的，所以父母不應嘲笑小孩子發音不準、用詞不當，而應該在無形中加以引導與鼓勵。小時候話說得多，長大了自然就能言善道。

卡爾 9 歲時就已經可以嫻熟地運用並翻譯法語、義大利語、拉丁語、英語以及希臘語，這與我給他的鼓勵有很大的關係。

我總是把培養卡爾的想像力放在教育的第一位，而不是跟很多人一樣只顧著給孩子灌輸各種知識。學習知識不是目的，而是培養孩子各種能力與素養的手段。孩子越小，想像力的培養就越重要。

想像力是一個抽象的概念，需要在具體的活動中展現。扮演中世紀騎士，模仿小鳥飛翔，都是想像力的表現。我會尋找適合的機會誇獎卡爾做得好，效果是顯而易見的。隨著年齡的增加，孩子的想像力會更加豐富、獨特。

孩子的天性之一就是愛聽故事，他們會不厭其煩地聽同一個故事，而且還會發現別人講述的遺漏，有時還會添油加醋。父母這時應該誇讚孩子有想像力，即使他們的添加不合理，也不要打擊他們的積極性。

　　卡爾有時會虛擬一些並不存在的事情，儘管漏洞百出、前後矛盾，我也不會說他不對，而是為他彌補不足。我認為家長的責任應該是誇獎孩子的想像力，並引導他們繼續想下去。透過這種誇獎與誘導，我發現孩子的想像力越來越精妙。

　　除了想像力，我還注重用誇獎來培養卡爾的創造力。卡爾之所以富有創造力，是因為他的腦袋裡沒有什麼限制，我也從來不想用規定限制他。我認為，家長設定規矩是封殺孩子創造力的罪魁禍首。

　　有一次，一位老朋友到我家做客。他看見卡爾正在用藍色畫一個大大圓圓的東西。當他知道卡爾是在畫蘋果時，便勸我告訴孩子蘋果應有的顏色。我感到很驚訝，說：「這是為什麼呢？我為什麼一定要告訴他用紅色來畫蘋果？我認為他畫得很好，也許孩子今後真的會栽培出藍色的蘋果呢？現在的蘋果應該是什麼顏色，他吃蘋果的時候自然會知道的。」

　　事實上，孩子的創造力就是在這樣的誇獎中逐漸培養起來的。如果用大人的標準要求孩子，那麼他們的行為幾乎都有很多不合「規矩」的地方，這時如果強行「糾正」，那就會扼殺孩子的創造力。

　　卡爾小時候，因為好奇，總喜歡趴在地上，聚精會神地觀察兩隻螞蟻搬一顆飯粒。這時，我絕不去打擾他。他有時還會

把觀察結果告訴我，而我總會誇獎他觀察得仔細。誇獎他的好奇心，對孩子創造力的培養十分有益，藉由誇獎可以使孩子的好奇心更強。我還把他帶到大自然中，觀察花鳥草蟲，遙望滿天繁星。他對閃電雷鳴、陰晴雨雪、日升月落、晝夜交替都很感興趣，會不斷地提問。

對於孩子的行為，父母要有耐心，要保護孩子的好奇心，並將之引向正確的軌道。父母的誇獎能激起孩子的興趣，把他引入知識的殿堂，讓他們在讀書、做手工藝及實驗的過程中享受無窮的樂趣。

▌誇獎的祕訣

如上所述，誇獎對孩子有著重大意義，那麼，具體來說，家長應該如何誇獎孩子？誇獎的祕訣是什麼呢？

在教育卡爾的過程中，我發現不斷誇獎好的行為，就會強化這種行為，最終形成習慣。很多父母沒有意識到這一點，認為孩子的好行為是天生的，是理所當然的，因此用不著誇獎。這樣就無法增強孩子的心理印象，好的行為也就慢慢沒有了。

生活中經常會出現這樣的現象，孩子有了不良行為，打架、浪費、偷竊、撒謊……父母就會心急如焚，從而訓斥甚至打罵孩子，認為這是在管教孩子，只要這麼做了，他們就不敢再做壞事了。殊不知，這不但解決不了問題，還會產生更大的副作用。因為父母如此關注這一行為就會強化孩子的印象，孩子當然會做能引起父母關注的事，繼續惡作劇，久而久之，形

成習慣，於是懲罰變成了「獎勵」。

父母關注孩子的什麼行為，這種行為就會逐漸成為孩子的習慣。所以，父母要更加關注孩子積極的一面，對良好的行為及時給予適當的鼓勵；冷處理孩子的不良行為，讓他沒有加深這種印象的機會。

對於孩子的良好行為，越早誇獎越好，因為孩子越小，誇獎就越容易，效果也越好。我曾經對一些孩子做過研究，孩子少年時會有叛逆期，那個時候，誇獎就會有難度。另外，父母要分清孩子的情感與行為。孩子的喜歡、高興、生氣等，是他們內在的，有時自己也控制不了，父母就更加無能為力了。但是他們的行為是外在的，看得見，摸得著，是可以控制的。所以，雖然父母不能控制孩子的情緒，但可以極大地影響他們的行為。

我認為，誇獎要針對的就是孩子的行為，而不是他們的情感。

需要指出的是，我們要注意的是孩子的具體行為，而不是抽象或分析出來的行為；那些說不清楚的行為，父母無法施加影響，也根本沒有辦法控制，父母一定要明白這一點。

說不清的行為有哪些呢？就是像「這孩子盡做些讓人頭痛的事」、「這孩子喜歡欺負人」、「他沒責任心」之類的。

具體行為又有哪些呢？就是像「他打別的孩子」、「他在牆上畫小動物」之類的。

身為父母，要及時誇獎孩子的好行為；即使孩子沒做到，也千萬不要責怪，因為他們偶爾做到就是不小的進步了。重要

第八章　學會誇獎你的孩子

的是父母要及時從正面強化孩子的好行為。

　　我對卡爾的誇獎，通常是以情感或物質的方式；而且根據我的經驗，前一種比後一種更有效。

　　情感方式主要有讚揚、親吻、擁抱等口頭及身體行為。這種方式是最容易給予的，父母千萬不要吝嗇自己的這種獎勵。

　　物質方式則包括給孩子一塊糖果之類的，這只是獎勵的補充方式。卡爾得到獎勵總會很高興，並不在乎獎勵有多少。

　　在孩子年齡還小的時候，情感獎勵就夠了，特殊情況可以給予一定的物質獎勵。

　　我認為只要及時、恰當地誇獎孩子的某一正確行為，就會強化及鞏固它，孩子也會重複這種行為，並逐漸養成自然且持久的優良習慣。

　　不過，我不會隨意誇獎孩子，因為那樣他就不知道為什麼要誇獎他。我總是在卡爾表現良好時誇獎他，並告訴他因何誇他。

　　每當卡爾開始用新的、讓人滿意的方式做事時，我就及時誇獎他，以培養他的這種好做法。當他學會了，並且能理智地去做時，我就不再經常，而是偶爾誇獎他，讓他感到驚喜。

　　我發現卡爾偶然得到獎勵時，就會繼續表現良好的行為。因為已經形成習慣，他知道如何做我才會高興，也會為自己的良好表現而高興。

　　在此，我建議父母們不要因孩子的不良行為，特別教訓或打罵他們，而要去發現孩子的長處，並及時誇獎他們 —— 尤

其是個性強、精力旺、不服管教的孩子。父母發現了孩子的長處，盡量對他的良好行為進行誇獎，當他聽到誇獎時，就一定會變得很聽話。

誇獎孩子要有分寸

在教育兒子的過程中，我不僅不讓別人誇獎他，自己也絕不過分地誇獎他。

即使卡爾學得非常好，我也只會說「不錯」。他做了好事，我會進一步表揚說：「好，做得好，上帝一定會高興的。」但不會誇過頭。他做了特別的好事，我會抱著吻他，但並不總是如此。

每當別人要誇獎卡爾時，我就會把兒子支開不讓他聽。對那些常常不聽忠告仍一味誇讚兒子的人，就謝絕他們到家裡來。因為這件事，我甚至被朋友當成是一個不通情理的老頑固。但是，為了防止孩子養成驕傲的不良習慣，我對別人的議論是不會去計較的。

我很注意誇獎卡爾的方式及程度，以防他自滿。

卡爾最終成為一個受到人們歡迎並廣泛稱讚的孩子，但他卻沒有形成驕傲自滿的壞習慣，主要是因為我盡力教育他不要被誇獎聲沖昏了頭腦，這才使他免受其害。

許多父母跟我的想法完全相反，他們總是喜歡在別人面前誇耀自己的孩子在某方面有超前絕後的才能；他們完全不知道，這種做法可能會將一個很有潛力的孩子毀掉，因為他們在別人

面前誇耀小孩，非常容易讓孩子形成驕傲自滿的情緒。有一天哈雷的宗教事務委員賽斯博士對我說：「你的兒子平時很驕傲吧？」

我說：「不，我的兒子一點也不驕傲。」

「這根本不可能，像他那樣的神童如果不驕傲，那就真的不是常人了。他一定會驕傲，這是人之常情。」他不相信，認定卡爾是個驕傲的孩子。

於是，我讓他看看我兒子。他和卡爾在一起說了很多話，經過多次的交談，他終於完全了解了我的兒子，知道卡爾是一個虛心上進的人。

事後，賽斯博士對我說：「我真的很佩服，你兒子一點也不驕傲。不知道你是怎樣教育他的呢？」我叫兒子站起來，讓他把我的教育方法講給賽斯博士聽。

博士聽完以後，很佩服地對我說：「的確，如果實行這樣的教育，孩子就不可能驕傲了，真是令人佩服。」

這裡還有一個典型的事例：有一個從小就很有天賦的孩子叫萊恩，他一出生時看起來就非常地聰明伶俐，人們都議論說這孩子肯定是天才，他將會有輝煌的前途。

當時有很多人說：「這孩子看起來那麼聰明，他將來會成為偉人，要不就是一個偉大的將軍。」還有人認定他將會成為一個享譽天下的藝術家。

儘管他們說的都很對，可是最終卻並不是這樣。這個孩子的確 2 歲時在音樂方面表現出過人的天賦，成了父母的寶貝及生活的中心。他們逢人就誇，甚至當眾說萊恩的音樂水準已經

遠遠超過他的老師與當代所有的音樂家，認為萊恩注定會成為像巴哈一樣的音樂大師。

結果萊恩在鮮花和掌聲中飄飄然了。

有一天，老師指出他在音樂表現上的某一不足之處，雖然技巧很嫻熟，卻沒有表現出音樂本身的魅力及內涵。萊恩一聽，非常生氣地說道：「您以為我只會技巧嗎？我早就很清楚那些魅力跟內涵了。」

「可是你的演奏怎麼還存在著這些問題啊？」

「那根本不是問題！我是故意的！我就是這樣理解這首曲子的。」

為了讓他更明白，老師就示範給他聽。可是老師的演奏也剛好錯了一點，這回被萊恩逮到了。

「哈哈！您自己都錯了！我親愛的老師，您還有什麼資格教我呢？」萊恩的語氣充滿譏諷與蔑視。老師聽了他的話非常生氣，儘管他認為萊恩很有音樂才華，但他還是堅決辭去了這份工作。萊恩的父母盡力地挽留他，希望他能原諒孩子說的話，但他頭也不回地走了。

這件事情發生後，我和這位音樂老師見面時談起了萊恩的事。他對我說，當他離開萊恩的時候，突然間對這個孩子有了新的認知。他認為萊恩很難像自己過去想的那樣，將成為一個傑出的音樂家；自己過去的判斷是錯誤的。而後來的事實證明，這位音樂老師說的沒錯。

自從老師離開後，萊恩就更加得意了。他認為自己是了不起的音樂天才，於是便隨意改動音樂大師的作品，並說這些作

品也不過如此而已。從此，他不再讓父母幫他找老師，在他的心目中，老師完全不適合教他這樣一個百年不遇的天才，他們全都是些沒有才華的庸人。

結果不難預料。

多年以後，我聽說萊恩成了一個酒鬼，整天怨天尤人，抱怨沒人理解他那樣的天才。

儘管很多偉大的藝術家生前或成名前往往很難被人們理解，但萊恩絕不屬於這一類人。他一生都沒有創作出優秀的作品，甚至連一般的作品也沒有。而且飲酒過度還損害了他的聽力及手指，恐怕現在連最基本的音階也演奏不出來，更別說美妙的音樂了。

我非常擔心卡爾也成為萊恩那樣的「天才」，所以努力防止他自滿。我跟他講萊恩的故事，讓他知道驕傲的惡果。

▎當孩子遭遇失敗或挫折時

生活中，我們經常會看到一些對自己缺乏信心的人，他們做事畏首畏尾、優柔寡斷，什麼都想依靠別人，這種不自信歸根究柢是因為害怕失敗。

人生難免遭遇失敗，每個人都會有失敗的機會，每個人都要面對失敗。對孩子來說，是否能勇敢地面對失敗及恰當處理失敗，往往是他們長大後能否幸福的關鍵。

孩子由於害怕失敗，而產生了強大的心理壓力，使那些原本輕易就能做到的事情，變得做不好了；由於對失敗的恐懼，

孩子就會產生不做不錯，多做多錯的心理，這就會讓他失去試一下的念頭，從而處於一種始終無能為力的狀態。

以我的教育經驗來看，讓孩子勇敢面對的最好方法就是寬容。當卡爾在某一件事上遇到失敗時，我會讓他不論成敗都再勇敢嘗試一次。我們很難明確地知道一個孩子在學習說話及走路的過程中，究竟會失敗多少次，但是他最終卻透過不停地努力而取得成功。這就是孩子給我們一個最好的啟示。

為了讓卡爾從小就有健康的體魄，我除了平時注重鍛鍊他的身體外，還經常為他安排一些有趣的體育活動。

有一次，我專門為卡爾和他的朋友們辦了一場射箭比賽。雖然他們都是第一次射箭，但是有幾個孩子的箭法非常準，就連我也對他們的天賦感嘆不已。

然而，一向聰明的卡爾卻表現得不盡如人意，要麼對不準靶心，要麼掌握不好力度，笨手笨腳的。看著朋友們一次次命中目標，好勝的卡爾又難過又灰心。

當孩子們興致勃勃地繼續比賽時，我悄悄把卡爾叫到一邊，關切地詢問：「卡爾，怎麼了？因為自己落後而傷心了？」

「嗯！我覺得自己實在是太笨了！」

「不要這麼想啊，射不準是很正常的，人無完人嘛！你雖然沒他們射得好，但多練幾次就掌握竅門了。」

「可是，我已經射了很多次了，每次都這樣。我不可能超過他們。」他垂頭喪氣地說：「我都害怕了。」

「害怕？害怕什麼？害怕失敗？」

第八章　學會誇獎你的孩子

「嗯！我越射不準就越害怕，越害怕就越射不準。」

「我認為不是你笨，而是好勝心作怪。你在其他方面很優秀，所以也要比別人射箭好。這樣的心理壓力讓你愈加射不準。」

「咦？你怎麼知道？我就是怕不如他們，才射得這麼差勁。」

「既然這樣，那就放開點。遊戲而已，輸贏都沒關係。」

聽我這樣說，卡爾長長地呼了一口氣，重回賽場。他這次表現相當好，連續三箭都射中靶心。

卡爾之所以突然之間從一個根本無法命中目標的門外漢變成一個射箭好手，恐怕就是因為我那句「輸贏都沒關係」吧。

假如不能消除對失敗的恐懼，時間一長，孩子就會養成對任何事物都沒有興趣、不想參加任何活動的習慣，這就會嚴重地危害他的心理健康。久而久之，將會導致孩子變得性格內向、鬱鬱寡歡，這樣他的一生怎麼會快樂美好呢？

所以無論卡爾做什麼，只要他沒有觸犯最基本的原則，所做的事對自己與他人沒什麼傷害，我就都會竭盡全力支援他，鼓勵他勇敢地去嘗試。我想，孩子只要對於失敗不心存畏懼，那麼對他進行正確的引導，就會讓他把事情做好。

我不贊成父母將「應該由孩子自己做的事」全部一手包攬的行為。時間久了，孩子很可能會失去獨立行動的能力。所以不管做什麼事，都讓父母去決定，這是不對的。

我對卡爾的教育就是這樣，我始終讓他自己去做那些力所

能及的事。我從來不讓他用「我不會做」這樣的藉口來求得我的
幫助。每當他說不會做一件事時，我很少會幫他去做，一般都
是對他說：「讓我來教你如何做。」

　　因為卡爾在許多方面都得到了非常好的發展，所以我和妻
子在他遇到失敗挫折時，從來都不會一步一步地教他，而是鼓
勵他，盡量讓他自己去解決問題；他也從我們的鼓勵之中找到
了自信心，從而形成了他現在的那種始終快樂向上的性格。

第八章　學會誇獎你的孩子

第九章
如何教孩子遊戲

第九章　如何教孩子遊戲

▌玩是打開智慧之門的鑰匙

　　孩子的「智商」與「情商」是父母都很關心的兩個層面。可是，在孩子心中，或許更願意父母培養他另外一種能力——「玩商」，即孩子對玩耍的參與及收穫。

　　玩，是打開孩子智慧之門的鑰匙。

　　每個孩子都喜歡玩玩具，每個孩子都愛玩遊戲。父母們還記得自己孩提時代玩耍時的樣子嗎？那時，你會為得到一本新的連載漫畫，或一件盼望已久的新玩具而欣喜若狂；同時，在異常興奮的感覺背後，你還會發現自己有一種強烈的、想學習的渴望。

　　孩子透過玩耍來探索世界，汲取智慧，這是他們與生俱來的學習驅動力。父母親要學會鼓勵孩子聰明、巧妙、愉快地玩。發展孩子的「玩商」，不僅能幫助孩子多學知識，還可以讓他們愉快地生活，與別人和諧相處。

　　在教育孩子時，最重要的是不要隨便給孩子灌輸術語及公式，而是要誘導他們自由地發揮出潛在的智慧。對於孩子來說，最佳的誘導方式當然是玩。

　　有一次，卡爾獨自一人在院子裡玩耍。他喜歡玩「開火車」的遊戲，就是把一些木塊連成一串當作車廂，他在前面拉著「車廂」充當火車頭。他玩這個遊戲玩得很認真，不光要像火車那樣發出「嗚嗚」和「請嗆請嗆」的聲音，還要負責在到站時報站名，招呼想像中的「旅客」上下車。

　　這天，他突然想要增加幾節車廂，使這個「火車頭」能帶領

更長的火車。可是帶有鉤子的小方木塊都用完了，怎麼辦呢？他想到了剛剛買回來的磁鐵塊，用繩子拴在最後面，剛好合適。

他拴好一塊磁鐵後，又拿來另一塊。可是，好像突然著魔了一般，那塊磁鐵怎樣都不肯乖乖地跟在第一塊的後面。他一把它放到後面，就有一股力量將他的手彈開。卡爾用盡了全身的力氣，可是那兩塊磁鐵怎麼也不肯吸在一起。

卡爾呆呆地看著手中的兩塊磁鐵，好一會兒，他忽然大叫起來：「爸爸，爸爸，快來看啊，這兩塊磁鐵裡住著兩個小精靈！他們不願意在一起。他們鬧彆扭了，誰也不理誰。」

我忍住笑說：「傻兒子，這可不是什麼精靈，這是磁力的一個重要原理。磁鐵分為正極和負極，而且『同極相斥，異極相吸』。你手上這兩塊磁鐵都是正極，當然會因為相斥而彈開啦。」

「真的嗎？」卡爾懷疑地說。

「不信？你拿那一塊磁鐵過來，對，就是缺了角的那塊。這塊磁鐵是負極的，你再試試看，它們會吸到一起的。」

「真的！」卡爾覺得有趣極了，他的問題立即成串地出來了，「正極和負極是什麼？磁鐵為什麼要分成正極和負極？為什麼正極和負極就要吸在一起呢？」

我趁機教了他很多知識，因為這些知識都是與遊戲緊密結合的，所以卡爾學習起來毫不費力。

為了開發卡爾的想像力及創造力，我設計了各式各樣的遊戲。例如：我曾經送給兒子一個以橡皮筋為動力，可飛向空中的小玩具。卡爾非常喜歡，馬上就聯想到它與飛機的相似之

處。他照著這個玩具仿製了幾個，都能成功地飛起來。卡爾正是在這個玩具的啟發下，明白了飛機飛上天的原理，從而開始製作飛機模型。

就是這樣，透過不斷地遊戲跟動手玩耍，我幫助卡爾打開了智慧之門。後來人們稱讚他多麼富有智慧時，孰不知，他的智慧都是「玩」出來的啊！

玩，帶給孩子的益處實在太多了，不僅僅是啟發孩子的智慧：

1. 透過玩耍，孩子能了解自己周圍的世界。
2. 在玩耍中孩子能增強與他人積極相處的能力。
3. 透過玩耍，孩子能學會以適當的方式關心別人。
4. 玩耍能陪養孩子集中注意力的能力，為今後的學習打下基礎。
5. 玩耍能促進左右腦的發育。
6. 在玩耍中兒童可以發展天生的好奇心，鍛鍊自己解決問題的能力，培養自主性。

雖然如此，對於孩子的玩耍，我認為父母也不能放任不管，有一些事項父母必須注意：

1. 要允許孩子選擇他自己的玩耍方式，允許他充分地研究及探索玩具，即使方法不對也不要去干涉；除非他要求，才去幫助他。這對孩子的健康成長很重要，死板的規定會阻礙孩子的好奇心及創造力。
2. 在你打算讓孩子結束玩耍，改讓他吃飯、睡覺或外出的時候，要記得想辦法早點提醒孩子，讓他有充足的時間高高

興興地結束玩耍。這能讓孩子感覺到我們尊重他的玩耍，促使他樂於合作。

3. 為孩子準備好固定存放玩具的場所，每次玩耍結束時要求孩子自己收拾好玩具。

4. 如果可以，每天都要花一點時間與孩子一起玩一會兒。

▌遊戲就只是遊戲

一個人長大後變得滑頭滑腦、放縱、任性不能自制，大多是由於小時候沒有受到良好教育的緣故。

如果對孩子放任自流，他很可能就不加選擇地和別的小孩子一起玩，這就使他有可能沾染上各種壞毛病，從而養成不良的習慣。我經常看見一些沒有家教的孩子們在一起打架、賭博或者用不文明的言語罵人。我無數次前去勸說這些孩子，並為他們平息戰爭，但都沒有明顯的效果。

每當我看到孩子們這些惡劣的表現就覺得極為遺憾，要是他們以前能夠接受優秀的教育，一定也能成為懂禮貌、有修養的孩子，可是家長們並沒有採用良好的教育方式去培養孩子。

那些沒有受到良好管教的孩子往往很粗魯野蠻，在玩拋雪球遊戲的時候，他們會特意去挑像石頭一樣堅硬的凍雪塊來讓別人受傷。他們還經常互相用石頭打架造成流血事件，更可怕的是，有些孩子的眼睛就是因此被打傷而失去了光明！

每當我見到那些瞎了眼睛、少了鼻子、跛腳的孩子們時，就去問他們受傷的原因，回答的結果大多是在玩遊戲時造成的。這讓我常常感到不寒而慄。

第九章　如何教孩子遊戲

安迪是一個健壯的男孩，可以說是那一群小孩的領袖。他威嚴、聰明，而且有非常強的組織能力，他經常籌組一些比他稍小的孩子玩打仗遊戲。

或許安迪天生有才，他把自己的「軍隊」管理得井然有序。但是有一天，這位「英雄」終於被「敵人」打倒了。

那天，安迪將小朋友們分成兩隊玩攻打城堡的遊戲。安迪帶領五、六個小朋友守城堡，另外的幾個扮作攻城的敵人。

安迪揮舞著手中的寶劍與木棍，英勇地站在一輛貨車上。他一腳踩在高大的馬車輪子上，口中喊著自己的同伴：「把敵人打下去——」真是一副大英雄的氣魄。

當時卡爾也在其中，他和安迪並肩作戰。「敵人」將石塊、樹枝向他們猛烈地投擲過來。

安迪用「寶劍」把他們一個個地打翻在地，「一定要守住城堡。」這是安迪和同伴們一致的想法。可是敵人的衝鋒越來越猛，他們終於抵擋不住了。

敵方中的一人衝到了馬車上，狠狠地踢了安迪一腳，安迪立即從馬車上栽了下去。當時，我在家中接待一位客人，正在和那位遠方來的客人談論孩子教育的問題。卡爾卻慌慌張張地跑回了家，他還未進門就驚恐地叫喊道：「爸爸，不好了……出事了！」

從卡爾的表情來看，我猜想可能發生了非同尋常的事。於是便和客人跟著卡爾匆匆地趕到出事現場。那種情景使我和卡爾終身難忘，連客人都為之驚恐萬分。

當安迪從馬車上摔下去的時候，剛好踩在一把放在地上的

鐮刀木柄上，那把鐮刀從地上彈了起來，刀鋒剛好插進安迪的大腿裡。

安迪倒地痛叫。沒有哪個孩子敢去取下鐮刀，那情景確實太恐怖了，安迪的腿上全是血……

「安迪真是個大英雄。」事後卡爾這樣評價安迪。

「兒子，你真的佩服他嗎？」我問道。

「是的，他是為了保護城堡才受的傷，他表現得很勇敢。」卡爾的眼睛中流露出敬佩的目光。

「不，兒子，安迪的做法不是英雄所為，至於把他從馬車上推下去的那個孩子，更是無知。」

「爸爸，你不是說過做人應該勇敢嗎？你能說安迪不勇敢嗎？」

這時，我才發現孩子太單純，他們分不清什麼該做、什麼不該做。

「兒子，今天你們在做什麼？」

「我們在玩攻城堡的遊戲。」

「對，那只是一個遊戲，不是真正的戰鬥。」我抓住「遊戲」這個字眼開導他，幫他分清真假。

「孩子，我知道你喜歡那些英雄人物，可是，英雄並不意味著魯莽，並不意味著不顧一切地打打殺殺。」

我撫摸著卡爾的頭，仔細地分析給他聽。

「既然你們是在玩遊戲，而且你們都是好朋友。為什麼非要真打呢？這種打仗的遊戲很容易把朋友變成敵人。你看，安迪

很有可能會永遠記恨把他推下去的那個孩子，因為他受到了傷害。如果安迪把他當作仇人的話，那是很可悲的，因為仇恨會產生邪惡。」「可是安迪的確很勇敢啊。」卡爾仍然沒懂其中的意思。

「我相信他是個勇敢的孩子，也很聰明。但因為遊戲而成為一個負傷累累的孩子，長大後什麼也做不了，如果他想當一個將軍，那麼現在就應該懂得保護自己。一個缺臂斷腿的人，怎麼去領軍打仗呢？」

「你們是孩子，無法拿捏好遊戲的分寸。要知道，遊戲僅僅是遊戲，不能真槍實彈地玩。如果在真正的戰場，敢與敵人拼個你死我活，那才算真正的英雄。」

「爸爸，我懂了。」

孩子們在遊戲中的傷害源於他們無知。如果父母不能對他們加以細心地開導，就會導致可怕的後果。

我時常告誡卡爾，不要去參與孩子們的打架鬥毆，這種傷害比玩遊戲中的傷害更為嚴重。這不只是會對身體造成傷害，更重要的是會在孩子幼小的心靈中留下陰影。

孩子一旦形成怨恨的心理，其後果將是非常嚴重的。怨恨情緒不僅能讓孩子陷入孤立的處境，更會讓他忤逆家長，對別人充滿敵意。

由於沒有良好的家教，有的孩子往往不辨是非。因為家長沒有提供孩子們快樂地度過童年的適當環境，導致他們閒散無聊，不懂世上還有文字及藝術等很多美好的事物存在。由於孩子們沒有體會到書本的魅力，因此也就無法在文學藝術的海洋

中得到知識與快樂。家長沒有給孩子們適當的指導，因此，那些孩子們不是整天無所事事，就是以打架鬥毆為樂，更有的甚至加入邪惡的賭博組織。孩子們這樣去度過童年，將來是不會有美好生活的。

鑑於以上原因，我在對兒子選擇朋友時要求十分嚴格。我總是盡量讓卡爾跟志同道合的孩子聚在一起互相學習，讓孩子們針對某個問題進行討論。每當我看到卡爾和孩子們一起扮演戲劇角色、朗誦詩歌或者為一個問題進行爭論時，我會由衷地感到高興，不會前去打擾他們。

教孩子在遊戲中感受生活

在教育卡爾的過程中，我最應該感激的人是我的妻子。妻子不僅是一個非常賢良的人，而且還是個具有強大責任心的偉大母親，在對兒子進行教育的過程中，她也花費了大量的精力。卡爾能擁有這樣的母親是他最大的幸福。

與別的母親不一樣，在我買廚房玩具給卡爾後，妻子並不是將玩具扔給孩子就不理會他了，她會運用玩具來開發兒子相關方面的潛能。

妻子常常一邊做事一邊耐心地解答兒子的疑問，並且教孩子如何使用廚房玩具來練習做菜，她還透過教兒子做菜這一方法讓卡爾學到知識，並且深刻地體會生活中的樂趣。

有時候，兒子喜歡讓母親扮演廚師，自己則充當家庭主婦的角色。這樣一來母親就得向兒子請示各種問題了，要是卡爾

下的命令不恰當，就撤銷他當主婦的資格並貶為廚師。重新做主婦的母親就對兒子下各種命令。比如：母親吩咐孩子洗菜或者去拿某種調味料等。

要是兒子將事情弄錯了，他連做廚師的資格也會被開除。

妻子經常興奮不已地跟我講述她跟卡爾玩遊戲時發生的趣事。她跟我說：

「我當廚師，兒子做主婦的時候真有趣。兒子下達命令後，我故意做錯事情來考驗兒子，要是孩子沒有發現我的錯誤，就可以撤銷他當主婦的資格了。不過聰明的兒子總能準確地找出我做得不對的地方，於是我就向他承認錯誤。這時兒子還要鄭重其事地教育我。有時候我故意耍賴，孩子就用我平時責備他的口氣來責備我。當我當學生，兒子扮演老師的時候，孩子一旦發現我有意將他講得很精采的地方說得很糟糕時，就會教育我。」

透過這些遊戲的培養，可以讓卡爾在今後的生活中掌握更多成功的經驗。

類似這種演戲式的遊戲還有很多，導演當然是卡爾的母親，而且有時母子倆還將之深化。比如：他們常常演出某個故事或者書本上的某個歷史事件的情節；有時還在遊歷過的地方進行「旅行遊戲」等等。透過這些遊戲，妻子又教給了卡爾有關歷史及地理等方面的正確知識。

不僅是卡爾的母親，我有時也會和孩子玩類似的遊戲。當然卡爾不是去扮演主婦或廚師，而是扮演元帥與士兵。有時，他可能是一個威武的將軍，來指揮我這個士兵；有時，他又會

變成被我指揮、衝鋒陷陣的士兵。

卡爾根據自己的體驗與理解，也常常把自己的角色扮演得活靈活現。他的扮演充滿了想像力及自主性，並且按照自己的體驗去假扮不同年齡、性別、身分或職業的人。這種遊戲對孩子有很多好處：可以滿足孩子的好奇心與求知欲；可以訓練孩子主動性、獨立性及創造性；能夠提高孩子的觀察力、記憶力、判斷力、想像力跟創造力，也能夠豐富孩子的內心世界，還有利於提高孩子的語言能力、訓練孩子的組織能力。

故事及童話對孩子很有吸引力，是他們的智慧之源。我常常引導卡爾表演這些故事，我們夫婦有時也會參加，並且玩得很開心。

卡爾飾演不同的角色，用不同的語言和動作演出優秀的作品。這不僅能加深他對故事的理解、開發他的創造力，還能陶冶他的情操。

當然，我會選擇內容健康、情節生動、言辭優美、角色可愛的故事讓他表演。簡明扼要的主線情節便於他理解與記憶，豐富的對話則利於鍛鍊他的語言能力。我會先讓他明白自己扮演角色的語言、動作以及整個故事和全部的角色，更重要的情節我會講得更詳細，以加深他的理解。

為加強卡爾的積極性，我盡量讓他參加準備工作、營造氛圍，不讓他拘泥於故事本身，而是放開想像、自由處理。爬山、過河等無法表演的東西，我就教他用象徵性的語言或動作來表現。

為增加遊戲的趣味性，我弄來很多形狀各異的木塊，他用

這些木塊蓋房子、築城或者修塔、架橋。我在前面已經說過，這類建築遊戲需要動腦筋，有助於開發孩子的智力，不僅如此，它還能培養孩子的毅力。

有一天，卡爾花了很大的力氣蓋了一座有房、有門、有城牆及精緻小橋的城堡。

他很興奮地叫我看，可是卻不小心讓他衣服的一角碰到了高高的鐘樓。像西洋骨牌一樣，雄偉的城堡瞬間變成一堆亂木塊。

看著呆坐在那裡的愁眉苦臉的兒子跟眼前的一堆木塊，我大概知道是怎麼回事了。

「爸爸！它不小心被我弄壞了。好可惜呀！那麼好看……」卡爾的淚水快要決堤了。

了解情況後，我說：「既然是自己不小心，就不要再埋怨跟傷心了。既然能做好第一次，就能做好第二次。與其傻傻坐著，還不如重新做一個，說不定會更好。」

卡爾立刻轉悲為喜。

可是，說起來容易做起來難。再建那麼複雜的城堡需要更多的耐心與毅力，但我相信卡爾。

果然，卡爾完成了，而且精確完美，完全超出我的想像。

他自豪地說：「爸爸，我覺得這個比上個好，因為我改進了一些，也快了很多。」

這是一定的，因為他有了第一次的豐富經驗，只要有信心做第二次，肯定做得比第一次好。

此外，卡爾很小的時候，我就教他模仿人生的各種活動，努力發展他各方面的能力。

我的觀點是，切忌與孩子隨便玩遊戲，應該讓他們多動動腦。這樣，他們才不會無聊、哭鬧。

雖然卡爾的玩具很少，但是無論冬天有多長，他也不會無聊，他能利用有限的玩具，幸福而快樂地玩耍。

我與孩子所玩的遊戲

遊戲不僅僅是一種娛樂活動，如果家長懂得合理地運用它，那麼遊戲還可以成為孩子學習知識的一種有效途徑。

有很多的家長為了阻止孩子的哭鬧，就給他們糖果或者玩具。家長經常採用這種方法來阻止孩子的哭鬧是非常不正確的。兒童的快樂絕不只是吃跟玩，除此之外他們還有其他的樂趣。卡爾的母親為了不讓兒子哭鬧，就拿顏色鮮豔的小玩具給他看，或播放音樂來哄他。孩子要是吃得太多，往往會變得愚笨而不健康。

為了發展卡爾各方面的能力，我設計了配套的遊戲，還專門蓋了一個「運動場」── 有可以打擊和吊掛的器械鍛鍊他的體能。遊戲一定要有明確的目的，要能讓孩子在精神、身體及道德上都受益，不能白白浪費孩子的時間。

遊戲是孩子的本能，做一些他們喜歡的能力遊戲，既簡單又必要。幾乎所有孩子都喜歡「矇眼遊戲」，我和卡爾也經常玩。具體的玩法有兩種，一種是矇上孩子的眼睛，給他各種東

西猜；另一種是矇上孩子的眼睛，讓他在屋裡摸，摸到什麼猜什麼。這樣的遊戲能有效地鍛鍊孩子的觸覺。

鍛鍊視覺的遊戲有很多，比如數數。我在桌上放幾顆棋子或豆子，讓卡爾看一眼就說出有幾個。我利用一切機會跟他玩這類遊戲。飯後，問他盤中有幾個水果；走路時，問他路旁有幾個某種東西；讓他看一眼就說出放在另一個房間桌子上的是什麼東西。這既可以讓他視覺敏銳，又可以鍛鍊他的記憶力。

卡爾小時候，我常帶他到各處走。為了鍛鍊他的判斷力，下次去那裡的時候，我就讓他帶路。這樣，他 2 歲的時候就能帶他母親跟女傭去家裡的各處了。

有時，我會告訴卡爾屋裡某件物品是紅色，然後讓他猜，他就字典、花、桌布之類的猜上三、五次，如果在規定的次數內沒有猜對，那就輪到他說我猜了。

另外，我們還玩乘法口訣。把 5×7 或 8×9 寫在口訣卡上，把這些卡片的字朝下疊起來，隨機抽出一張來看。卡爾要盡快說出結果，否則就換我說，並拿走說對的卡片。

為了讓卡爾學會控制自己的身體與肌肉，我們還「模仿銅像」。他擺出各種姿勢，然後我開始數數，在規定的時間內不許動。據說希臘人喜歡這類遊戲，他們的動作那麼優美，也許跟這有關吧。

我還教卡爾園藝。他剛會走路的時候，我買了小鐵鍬和鐵鏟等工具給他，在院子一角劃一塊地，教他播種、栽花、除草、澆水。卡爾非常喜歡這樣的簡單勞動。而且園藝勞動還能促進他的智力發展與身體健康、培養新興趣，養成勞動習慣及

堅忍精神。

　　卡片遊戲是紙牌遊戲的變體，這類遊戲能提高孩子的記憶力，增加他們動作的敏捷度。我把卡爾的歷史、語言、數學、地理等幾乎所有的功課都做成卡片，讓他在巧妙的卡片遊戲中輕鬆學會各種知識。

第九章　如何教孩子遊戲

第十章
培養好習慣，遠離壞習慣

▎培養孩子健康的生活習慣

　　播下一種習慣，就會有一種性格，進而收獲一種命運。所以說，培養孩子健康的生活習慣對孩子的人生有著重大意義。我和妻子非常注意在日常生活中培養卡爾的好習慣。當晚上他脫下衣服隨便亂扔時，就讓它一直放到第二天，我和妻子也不收拾，並且不會拿出新衣服給他穿。如果孩子衣冠不整，精神上也必然是極為散漫。相反的，衣冠齊楚，能使人精神抖擻。所以，服裝雖然不能太過奢侈，但必須是整潔的，整潔的服裝還能使人產生自信，就連馬也是如此。給牠換上好馬鞍，就表現得揚眉吐氣；給牠換上破舊的馬鞍，就表現得垂頭喪氣。馬是如此，人也是如此。沒有自尊心的孩子，絕不可能成為偉人。

　　在關注孩子衣裝的同時，家長還應注意保持孩子身體的清潔與衛生。要教孩子洗臉、洗手、早起刷牙、梳頭。身體清潔也能促使孩子產生自尊心。

　　但是，千萬不能讓孩子沾染愛好打扮、愛漂亮的惡習。有些孩子之所以有這樣的惡習，多是受母親的影響，因此必須警惕。有的婦女對於個人的修養及教育孩子不聞不問，只關心時裝時尚。為了教育孩子，這是應該避免的。

　　順帶一提，我認為不應讓孩子穿姐姐或哥哥穿過的衣服。即使家境不佳，最好也不要這樣做，因為這會嚴重地損害孩子的自尊。我讓兒子跟我們一起吃飯，把他當大人對待，吃飯時的談話選擇他能懂的話題，平等地交談；有的家庭吃飯時不讓孩子說話，有的甚至沒在吃飯時，孩子也必須畏畏縮縮。這樣

做，孩子不會有任何自尊心。

　　除此之外，若想使孩子懂得自重，就必須信任他們。無論是大人還是小孩，受到別人的信任就能自我尊重。約束孩子不准做這個，不准做那個，還不如信任他們，耐心地說服他們更為有效。我們如果把孩子當壞人對待，他就可能成為壞人。

　　在養成孩子健康的衛生習慣方面，我有很多的經驗及教訓，現公布如下：

　　（一）要養成勤洗的習慣

　　要勤洗手、勤洗臉、勤洗頭、勤洗腳、勤洗澡和勤理髮、勤剪指甲，這不僅能清潔身體，保證衛生，而且能夠促進血液循環，增進健康。特別是人的雙手每天要接觸很多東西，往往沾染上許多髒汙及細菌。據調查，一隻未洗淨的手上有四萬到四十萬隻細菌，一克重的指甲垢裡藏的細菌與蟲卵有三十八億之多。所以我們一定要養成飯前、如廁後跟手髒時及時洗手的習慣。洗手時要用肥皂認真搓洗，如果只用水沖一沖是洗不乾淨的。外出歸來及進食前一定要洗手。

　　（二）不要隨地吐痰

　　隨地吐痰是最常見的、最不講究衛生的行為。痰是呼吸道中的分泌物，也是廢物。痰中可能帶有許許多多的結核桿菌、肝炎病毒、冠狀病毒、流感病毒、霍亂、麻疹病毒等等。這些細菌、病毒透過痰液，附著在空氣的塵埃中，傳播到世界的每一個角落，危害每一個人的健康，當然也包括隨地吐痰的人。

　　（三）勤換衣服、手帕及鞋襪

　　當你有著整潔的領口和袖口時，站在他人面前會很有信

心，當你穿著乾淨鞋襪的時候，不僅給自己一份好心情，也是尊重他人的表現。因此，建議你勤換衣服、手帕、鞋子、襪子，尤其是衛生衣，不要因為他人看不見就不在意。衣服整潔就好，講究衛生比講究名牌更重要。

（四）定期整理、清洗書包

最好每個月刷洗一次書包，因為書包是每天都要攜帶的，經常清洗可以清除細菌。同時，它的整潔也關係到個人的衛生面貌，背上乾乾淨淨的書包，會給自己一個好心情。

（五）注重牙齒健康

不僅早晚要刷牙，每次飯後也要仔細漱口。睡覺前不吃糖果、餅乾等。不要長期用同一種藥用牙膏。藥用牙膏雖然對某些細菌有一定的抑制作用，但是，如果長期使用同一種藥用牙膏，會使口腔中的細菌慢慢適應，產生抗藥性，這種藥用牙膏就發揮不了應有的作用了。因此，我們在日常生活中，應定期更換牙膏。牙刷也要經常更換（至少每三個月換一次）。

（六）不挖耳朵，不摳鼻孔

不要將異物塞入耳內，洗臉、洗澡時不把水弄進耳內，以免損傷耳膜，引起中耳炎，影響聽力。要養成用鼻子呼吸的習慣，這樣可以使吸入的空氣經過鼻道時變得潔淨、溫暖且溼潤，保護呼吸道及肺，免得它們生病。別在他人面前打噴嚏、咳嗽。在他人面前打噴嚏、咳嗽就有可能將飛沫、唾液濺到別人身上，從而傳播病菌，令人厭惡。用手帕擤鼻涕時要按住一側鼻孔，輕輕地擤另一側鼻孔的鼻涕，不能同時擤兩個鼻孔，以免引起中耳疾病或鼻竇炎。

（七）不吃不乾淨的食物

地上撿的東西絕對不能隨便往嘴裡放，生吃瓜果一定要洗乾淨，最好削皮。有的孩子生吃瓜果時只用自來水中把瓜果沖一沖就算洗過了，其實這達不到消毒殺菌的目的。應該用刷子或菜瓜布沾上洗碗精把瓜果刷洗乾淨，再沖洗幾遍，然後擦乾才能吃。

（八）不用衛生紙擦拭餐具、水果

醫學證明，許多衛生紙消毒並不合格，即使消毒較完善的產品，在存放過程中也容易被汙染。用這樣的衛生紙來擦拭碗筷或水果，並不能將物品擦拭乾淨，反而還會在擦拭過程中帶來更多的病菌。不用白紙包食物，因為白紙在生產過程中，會用漂白劑及帶有腐蝕作用的化工原料，紙漿雖然經過沖洗過濾，但仍含有不少化學成分，會汙染食物。

（九）勤洗抹布、擦桌子

實驗顯示，全新的抹布在家庭使用一週後，滋生的細菌之多會讓人大吃一驚。而在餐館、美食街、小吃攤餐桌，抹布的衛生情況會更差。因此，用抹布擦桌子，應先洗淨再使用，抹布每隔三、四天就應該用水煮沸消毒。當然，如果能使用一次性桌布，則可避免抹布所帶來的危害了。

（十）講究用餐衛生

用餐前餐桌要擦乾淨、要認真洗手。用餐過程不狼吞虎嚥、不大聲說笑、不看書看報、不看電視。用餐完畢，要把應該清理的東西收拾乾淨，包括擦桌子、檢查用餐區域的地板上有無遺漏的垃圾等。與他人同桌用餐時應用公筷母匙，最好採

用分食制，將菜湯按人數分發，以免透過個人筷勺傳播病菌。

（十一）不要在口袋裡亂放錢

硬幣、鈔票被無數人的手、物所接觸，沾染到難以預測的種種汙染，因此切勿將它們任意放在口袋裡，與手帕、面紙及其他東西混在一起，千萬別用手指沾口水數鈔。

（十二）要保持室內整潔

室內地面要勤擦洗，最好不用毛地毯，以減少蟎蟲滋生。要勤晒棉被。要經常開窗通風換氣，無論春、夏、秋、冬，每天均應開窗。

（十三）愛護環境，保持周圍環境整潔

要經常打掃室內外衛生，美化居住環境。不要亂扔雜物、髒物、垃圾。因為髒物、垃圾帶有各種細菌、病毒，在日常環境裡會不斷繁殖孳生。要隨身攜帶面紙或手帕，將要吐的痰吐在面紙裡、手帕中。時刻切記，愛護環境是一個文明人應有的責任。

父母是孩子最好的老師

父母是孩子的最好的老師。父母本身得先做個好榜樣，注重個人衛生習慣，才能對孩子有所要求。

我的妻子認為，做母親的人應盡力維持自己在孩子心目中的良好形象。有的母親對個人修養及教育孩子不感興趣，只關心時尚，愛穿新奇的服裝。還有的母親因懶惰而衣冠不整，讓人恥笑。當孩子看到自己的母親被其他孩子譏笑時，就會感

到很難堪。不僅如此,這還會給孩子的精神帶來很壞的影響。所以,做母親的必須謹慎一些,否則母親的權威就會下降。這種下降就是教育孩子失敗的開始。很多做母親的都不注意這一點,以為自己的行為與孩子無關。其實不然,很多孩子往往會在母親不經意的行為之中,失去了良好的教育機會,甚至越來越糟。

卡爾的母親曾經告訴我一件事,說明母親失去在孩子心目中的地位及好形象會帶來什麼結果。

有位母親省吃儉用把女兒送到十分有貴族氣息的女子學校,還買給她與其身分不符的豔麗衣服。可是,她女兒卻一點也不喜歡她。有一次,女孩對卡爾的母親說:「從我 4 歲起,她就穿花俏的衣服來學校,讓我很難堪。」

也許有人會指責這女孩無情,但我卻同情她。雖然這位母親是為了女兒,下工夫打扮她並把她送到女子學校,但是卻沒有贏得女兒的尊重。我認為這位母親不應如此,她沒有盡到母親的義務。

父母是孩子的樣本。父母的行為會在最大程度上影響孩子的習慣與性格。我的一位朋友曾跟我說過他和兒子恩特斯之間發生的一件事情:

「恩特斯,我跟你說過多少次了,一定要遵守時間,否則就會給別人留下不好的印象,你難道忘記了嗎?」當兒子上學遲到後,朋友這樣教訓他兒子。

恩特斯毫不在意地答道:「我當然沒有忘記,你跟我講很多遍了。」

「可是你為什麼還是這樣？」

「爸爸，我知道這樣做的確不好，但是，我覺得也沒什麼大不了的。」

「你說什麼？」朋友氣極了，「怎麼可以說沒什麼大不了的？你從小就這樣不守時守信，將來還有誰會信任你呢？」

看見父親生氣，恩特斯也有些生氣：「你是大人了，不是也過得很不錯嗎？沒看見你有什麼麻煩啊！」

「你這樣說是什麼意思？」朋友被兒子的話搞得摸不著頭緒。

恩特斯說：「啊，你可能忘了，你有好幾次答應我要帶我去海邊，可是到了現在你一次都沒有帶我去過。」

「那是因為我工作太忙，這一段時間有很多的會議……還有那些論文……還有學生。」

說到這裡，朋友尷尬地停住了，不知再怎樣說下去。

聽了朋友的講述後，我笑著說：「老友啊，你這樣可不好。你要求兒子守信用，可是自己卻沒有先做到。這樣教育孩子肯定是不會有良好效果的。」

儘管這是一件小事，父親工作忙，的確沒有時間跟孩子一起去海邊玩。由於自己的原因不能去，可是事先跟孩子約定好了，這的確是一件難辦的事。很多時候，家長們會選擇「忘記」自己的承諾，可是，孩子會怎樣看這個問題呢？他可能會得出什麼樣的結論呢？他也許會這樣想：「哦，父親不守信用，這沒有什麼大不了的，那麼我也不用花工夫糾正這個所謂的缺點。」

有了這樣的觀念，無論有多少次的教訓，恐怕也不會有多少作用。

糟糕的是，天真的孩子還會這樣想：「父親對別人倒還能守信用，尤其對工作上的事；但對我的事卻不認真，可見約定也要憑興趣或分等級，不必事事遵守。那麼有時不守信用也就不是什麼錯事了。」對於孩子這樣的推理，父母往往找不到反駁的理由。

父母是孩子的第一任教師，也是終生連任的教師，孩子每天都在用最精細的眼神觀察著父母的一言一行、一舉一動，他們模仿著、學習著，往往在你還沒有察覺的時候，你的言行舉止已經讓孩子留下了深刻的印象。有句俗話說：「上梁不正下梁歪」。如果想讓孩子從小養成良好的做事習慣，那麼「上梁必須正」，必須以身作則，無論處理什麼事情，都要認真、圓滿地完成，做好孩子的表率。

如何防止孩子養成壞習慣

因為我對兒子的教育取得了一些成績，所以很多認識的和不認識的家長便時常向我請教一些關於孩子壞習慣的問題。比如：孩子不聽話怎麼辦？孩子成績差怎麼辦？孩子有不良習慣怎麼辦？

這一大堆問題確實令父母頭痛。不過只要父母認真地觀察孩子，盡量站在孩子的角度上看問題，那麼這些都可迎刃而解。一位母親對我抱怨說，她的孩子脾氣暴躁，動不動就發

火，真不知該怎麼管教。我向她建議，想讓孩子變得有涵養而不粗暴，首先必須弄清楚孩子脾氣暴躁的原因。

兒童的感情非常脆弱，他們無法控制挫折產生的心理壓力，又不知道怎麼排解，只好透過發脾氣來發洩了。孩子發脾氣時會盡情地去發洩，雖然他也覺得痛苦害怕，但是卻控制不了自己的情緒。他們發火時就像被魔鬼控制，行為可怕極了。

孩子發脾氣時，家長要採取相應的處理措施，以防事情惡化。

在教育卡爾及研究其他孩子的過程中，我逐漸累積了一些經驗：要是孩子為了不愉快的事就發脾氣時，首先家長必須保持冷靜的心態，不能給孩子火上加油，更不應用粗暴的行為去制止他。不要和他直接說話，因為正在氣頭上的他根本不講理，什麼也聽不進去；更不要不明智地對孩子發脾氣，因為發脾氣會傳染，用發脾氣制止發脾氣，只會讓脾氣越發越大。有些孩子正在發火時不讓人靠近抱他，那麼家長就不必強硬地去抱他，如果那樣做就等於給孩子火上澆油。這時，家長只需將家裡一些易碎的物品保管好，避免孩子受到傷害就可以了。一切等孩子平靜下來再說，而且他們靜下來後，要更加疼愛和安撫他們。

對於孩子的壞脾氣，家長絕不能以獎勵或懲罰的手段去對待，應該讓孩子懂得發脾氣既得不到什麼，也不會失去什麼。例如，孩子因為不想吃飯而發脾氣，脾氣發完之後，飯還是要吃的，這個道理父母必須為孩子講清楚。

孩子之所以會發脾氣，是因為他們太弱小，常常在遇到問

題時無能為力。當孩子漸漸地長大後，他們的能力也隨著增加，在生活中遇到的挫折就逐漸減少。他也會漸漸地成長成一個通情達理的好孩子。

有些孩子很任性，動不動就耍性子，父母對此無計可施。於是，父母在很多的時候就採取遷就的態度，我認為這種做法是極端錯誤的，因為長此以往，孩子就會得寸進尺，越加任性。

其實，對於孩子的任性行為，正確的做法應該是早做準備。在預料到他要做出任性行為之前，為避免孩子發脾氣，父母要採取一些預備措施。

孩子如果在大庭廣眾下發脾氣，父母就不能順著他。孩子雖小，但自有他狡猾的一面，他會利用大人愛面子這一弱點來威脅父母。這時候父母一定要想辦法不讓孩子知道這一點。如果孩子當著他人的面提出什麼要求，父母要區分要求的性質，合理的要求就滿足他；若孩子的要求不合理，可以間接地拒絕他，找個臺階善意地敷衍一下。

在對卡爾進行教育的過程中，我很仔細認真地觀察他的心理變化，這樣做主要目的是為了培養兒子良好的性格。一個人是否能夠成功，他的性格是決定成敗的關鍵因素，而不僅僅是依靠學識及能力。剛開始教育卡爾的時候，我就非常注重用不同的方法來培養他的品性。

在卡爾 3 歲時，我的一位親戚來做客，他的女兒是卡爾的表妹。起初兩個孩子在一起相處得非常好，畢竟他們年齡相仿，又是早有耳聞的親戚，所以在一起很投緣。可是，兩、三天後，他們之間就產生了矛盾。

有一天他們在外面的院子玩，卡爾用那些木塊搭建房屋，小表妹也興致勃勃地幫忙他。卡爾像工程師一樣，指揮他的表妹做這做那。開始一切都很正常，可是後來小表妹就不言聽計從了。她要把一塊圓木放在卡爾沒有指定的地方，於是他們就僵持起來。小表妹把木塊放上去後，卡爾一定要把它拿下來，兩人誰也不肯妥協。這樣你來我往地好多次，最後終於吵了起來。

我和親戚聽見他們的爭吵，連忙跑了出去。只見卡爾生氣地坐在地上，而小表妹也正在傷心地哭泣。

「卡爾，怎麼啦？」我厲聲地責問。

「她不聽話。」卡爾說道。

當明白事情的真相後，我就說：「卡爾，你比妹妹大，就應該讓著她。那個圓形木塊放在那裡不是很好嗎？」

「不，那樣不好看。」卡爾堅持地說。他說完就一腳把未搭建完的小房屋踢翻，然後就快步走向房間，頭也不回。

卡爾從未這麼任性過，也從未發過這麼大的脾氣，所以他的舉動令我很吃驚，也很生氣。可是我並沒有發怒，也沒有立即去理會卡爾，而是把小姪女抱了起來。

晚餐的時候，我特意安排卡爾和小姪女坐在一起。

「孩子，你今天為什麼那樣對待你的小表妹呢？」我問卡爾。

「我也沒有對她不好，只是她不聽我的話啊。」

「她一定要聽你的話嗎？」我問道。

「因為她不懂，而我很精通搭建築物。」卡爾回答道。

「她在搭房子時搗亂了嗎？」我問道。

「沒有，可是我認為那個圓形木塊放在那裡不好看。」孩子回答。

「可是你想過她那麼做的原因嗎？」我問道。

「沒有。」

「我認為，她之所以那樣做，是因為她覺得那樣好看。」

「可是——」

「卡爾，你平時一個人搭建築物的時候，我們都沒有管你，讓你自作主張。可是今天不一樣，既然你的小表妹也在參與這件事，你就得給她發揮想像力的機會。」

「我……」

「今天你跟她在一起，不僅應該玩得很高興，而且還要充分發揮你們兩個人的能力去把房子搭得更好。你要記住，一個人的能力是有限的，只有集合許多人的力量，事情才能做得完美。妹妹有些地方不會，你應該耐心地教她，而不是胡鬧。你想想，如果你有什麼地方不懂，我不是耐心地指導你，而是對你發脾氣，你能接受嗎？」

卡爾聽完一言不發，但我知道他已經領會了我的意思。

第二天，卡爾和小表妹又在一起愉快地玩耍，並且合力搭起了一座極為壯觀的「宮殿」。

很多家長看著孩子逐漸長大，卻發現他們漸漸地形成一些不良的習慣，而且是年齡越大，越不像話。雖然這是孩子慢慢

學會獨立自主的表現，但要是家長管教不當，就很容易讓孩子養成一些壞習慣。

當孩子有了壞習慣時

　　孩子年齡還小，缺乏足夠的判斷力及處理問題的能力，在成長的過程中，可能會出現各式各樣的壞習慣，比如：任性、自大、愛捉弄人等等；有的甚至以自己的行為危害他人、損壞財物。面對這些問題，父母應該採取不同的辦法加以解決，以達到最好的效果。

　　很多父母誤認為，當眾教訓孩子才能馴服他們、樹立自己的權威。殊不知，這直接傷害了孩子的自尊心。

　　保護孩子的自尊是教育他們的前提，我從不當眾教訓卡爾。因為我知道那樣不僅解決不了問題，還會適得其反。

　　我曾經接觸過許多與卡爾年齡差不多的孩子，他們沾染了一些壞習慣，通常喜歡用自己的理解獲得某種自以為是的「獎勵」。我認為，父母的責任就是要去發現並取消這種「獎勵」。我的一位朋友有兩個孩子，他的兒子是一個非常調皮的孩子，處處都讓人感覺到他的與眾不同，經常做些令人心煩的事，經常欺負妹妹和別的小朋友。

　　於是這位朋友找到我，想請我提供一些管教孩子的辦法給他。

　　他對我說：「我那個兒子很討厭，他不但喜歡嘲笑別人，連吃東西也與其他孩子不同。他明明知道我討厭他的某些行為，

可是他偏偏喜歡那麼做，好像是專門在氣我。」

聽了他說的話，我感到很奇怪。孩子在吃東西的時候都會讓父親生氣，他的行為也太與眾不同了，我提議去看看這個孩子。

那天我和朋友一家共進午餐。在餐桌上，我特別仔細地觀察這個調皮的孩子。

我發現，這個孩子在吃麵包的時候，把麵包皮小心地剝下來，然後用手把它捏成一個球形吃掉，而把剩下的部分丟在盤子裡。與此同時還得意洋洋地對他母親說：「媽媽，我把麵包皮剝下來了！」

他的母親看到這種情形就斥責他說：「你這孩子怎麼總是這樣壞習慣不改，今天竟然還敢當著客人的面這樣做。」這時，他的父親似乎也要發怒了。

我趕緊給朋友使了一個眼色，暗示他不要對孩子發怒。用餐完畢後，我告訴了朋友一個對付孩子的辦法。到用晚餐時，孩子仍然故技重施，像之前那樣將麵包皮剝下來吃掉後對母親說：「媽媽，我把麵包皮剝下來了。」可是他的母親只說了一聲：「我知道。」

孩子感到有些詫異地問：「你們不再教訓我了嗎？」

「是的。」

沒過多久，我的那位朋友又找到了我，說孩子現在已經沒有剝麵包皮的習慣，也跟其他人用一樣的方法吃麵包了。他覺得很奇怪，問我是什麼原因。

道理其實很簡單，孩子的那種做法就是為了引起別人的注意，即使被父母責罵，他也會覺得受了重視。在他眼裡，父母的責罵就是一種獎勵，而孩子表現這種不良行為就是為得了獎賞。一旦家長對他的做法毫不理睬，漠不關心，他自己也漸漸覺得沒趣了，所以在不知不覺中改掉了壞習慣。

　　還有一個小男孩，染上了說粗話的習慣。因為有一個經常跟他在一起玩耍的小朋友，常常喜歡跟別人說「屁股」這個詞，於是小男孩就學會了，並且帶回家說給父母聽。他的母親覺得很討厭，很快就加以制止。可是相反，孩子不但沒有停止說這兩個字，還一連幾個星期編造出不少關於「屁股」的話，像是什麼「天上有個屁股」、「屁股點心」、「甜屁股」等。家長氣憤得不得了，用了很多的辦法來制止他也不管用，後來誰也不搭理他了。當孩子看到說屁股這兩個字已經不能引起家長的注意時，也就漸漸地失去了興趣，再也不說了。

　　這是因為孩子起初說的粗話得到了旁人的「獎賞」而反覆地說，後來沒有了鼓勵就不說了，曾經非常感興趣的粗話也就漸漸地被他遺忘掉。

　　教育孩子是最考驗耐性的事。很多父母動不動就火山爆發，打罵孩子，雖然讓孩子嚇到了、表面上管住了孩子，但實際上沒有解決任何問題。他們不知道教育孩子的最好方法是心平氣和。這樣，父母既有威信又不顯得專制，既和藹可親又顯得嚴肅。所以，無論卡爾做了好事還是壞事，我都盡量平靜地處理。

　　在卡爾做事時，我不會像其他父母那樣總是使用「不准這

樣」、「不要這樣」、「不行」這些消極的、否定的言語，因為這些語言容易使孩子覺得自己一無是處，會增加他的消極情緒。我總是用積極的、肯定性的語言，以明確的行為指導兒子，增加他的積極情緒。以我的經驗，這樣做往往會收到較好的效果。

我從來都不會打孩子，因為我討厭那種不文明的行為。打孩子的作用是短暫的，有些父母喜歡打孩子，還出口傷人：「離我遠點！我不要你了！」、「你簡直笨死了！」、「根本無藥可救！」⋯⋯這些都會在孩子心中留下陰影。

孩子貪吃怎麼辦

家長過度溺愛孩子，無限制地讓他們吃東西，就會導致孩子的飲食功能紊亂，以及造成其他很多不良影響，比如：擾亂他們的食慾，使大量精力用於消化，大腦效率降低等。這樣就算實施了良好的早期教育或別的教育，也只是白費工夫。我們可以看看自己身邊的孩子，很多都是因為亂吃東西而生病。

可惜許多父母沒有充分重視這一點，對孩子的這種愛，卻害了孩子。

哥羅德是我們這一帶有名的小胖子。據說他的食量非常很大，在他很小的時候，他的飯量就可以媲美大人的飯量了。每天除了正常的用餐外，他還要不停地吃很多零食。

我曾經問過哥羅德的父親，你的孩子怎麼從小就長得那麼胖呢？

哥羅德的父親告訴我，因為他們夫妻是老年得子（這和我們

家一樣），所以加倍地疼愛他。尤其是哥羅德的母親，更是把孩子當成自己的掌上明珠。

他們給孩子吃最好的東西、穿最好的衣服，可以說對孩子百依百順，萬般遷就。只要是自己兒子想吃的東西，他們都要絞盡腦汁地弄到手。

哥羅德的父母都是體型較瘦的人，他們對孩子長得如此之胖也感到有些不愉快。但他們只是從孩子的外形上看問題，單純覺得孩子長得太胖有些難看罷了。他們並沒有考慮到肥胖已經成為孩子的負擔。

哥羅德由於長得胖，被同學們稱做「小胖子」，他行動遲緩笨拙，幾乎無法跟其他孩子一起玩，甚至還遭到欺負。每當他受欺負回家哭鬧時，他父母解決問題的唯一辦法還是讓他吃。他們以為，只要給他好吃的，孩子的問題就會解決了。

哥羅德由於太愛吃東西，以至於他讀書時總要拿一些點心在手中。當我問他的父母哥羅德的學習情況怎麼樣時，他們只能一邊搖頭，一邊嘆氣。

每當哥羅德學習不專心，他的父母就會給他一塊糖果和點心。他們認為這樣就會使孩子專心讀書了，其實他們的做法大錯特錯。這樣做不僅干擾了孩子的學習，而且更重要的是讓他形成了一種極壞的心理，他會以為只要不學習就會有好吃的，學習好了反而不會有獎賞。

哥羅德比卡爾大兩歲，但在學習上他與卡爾簡直是天壤之別。

為什麼哥羅德會這樣呢？這完全應歸罪於他那愚蠢的父

母，他們不懂得怎樣去教育孩子，以為孩子需要的僅僅是吃跟喝，根本就沒有想過要從小去開發孩子的潛能。

事實上，貪吃並非孩子的天性，一般都是家長的溺愛與縱容造成的。我的兒子從來沒有因為吃得過多而傷害了胃。到朋友家裡去做客，主人常常會熱情地拿出精美的點心之類的東西來款待，但無論是多麼可口的糕點，兒子都會控制住自己，絕不多吃。朋友們看到他這樣的表現，以為孩子是因為我嚴厲的管教而不敢吃，其實這完全是出於兒子自願的，他已經養成了正確的進食習慣。

朋友們之所以會那樣認為，是因為他們用自己對待的孩子的標準來看待卡爾，他們不了解卡爾，不知道他有極強的自制力。其實只要家長對孩子從小進行這方面的健康教育，他們的孩子也會像卡爾那樣養成良好的進食習慣，這沒有什麼困難的。

我和妻子非常注意這一點。為了防止卡爾養成貪吃的習慣，同時為了他的營養及健康，我們嚴禁卡爾隨意進食或者吃過多的零食。

我告訴卡爾：「一個人要是吃得太多就會讓腦袋變笨，心情也會隨之變得不好，有時還會導致疾病。人一旦病了，不但會覺得難受和苦惱，還不能夠自由高興地學習跟玩耍了。如果你生病了，爸爸媽媽就要為了好好地照顧你，很多事也要耽擱下來不能做了，人生病了會帶給家人很多的麻煩。」

為了讓兒子深入地了解合理飲食的重要意義，每當朋友的孩子生病時，我都會帶卡爾前去看望，為的是讓兒子有機會更深刻地體會到疾病帶給人的痛苦。

有一次，我帶卡爾到田野間散步，遇見了一個朋友的兒子，我先向他問候：「孩子，你的家人都好嗎？」

朋友的兒子禮貌地回答道：「都好，威特叔叔。謝謝您的問候。」

我繼續問道：「那你弟弟的健康可能不太好吧？」

朋友的兒子露出非常吃驚地表情，說：「不是吧？威特叔叔，您是怎麼知道我弟弟生病了的呢？」

我說：「因為耶誕節剛過，所以我猜你的弟弟可能生病了。」

事實上，我早就知道那個孩子非常貪吃，而耶誕節是他大吃特吃的最好時機，所以過了耶誕節他肯定會生病的，事情果然不出我所料。於是我就帶著卡爾前去探望那個生病的孩子，到朋友的家裡，我們看到那個孩子露出痛苦的表情。

透過跟孩子談話，我知道了他生病的原因，跟我預測的一樣，就是因為在耶誕節吃太多而生病了。我跟這個孩子交談的同時，刻意讓在旁邊的兒子知道事情的真相。

為了不讓兒子在飲食習慣上受到傷害，我非常注重培養他良好的飲食習慣。在用餐的時候，我盡量讓兒子心情愉快地吃東西。讓卡爾能愉快地用餐，對增進卡爾身心的各方面發展都有幫助。

▌教會孩子正確地使用金錢

在卡爾 6 歲時，他就已經積攢了一筆非常可觀的錢，當然，這是相對同齡的孩子來說的。在那時，我就開始指導他如何支

配自己的錢。

在我看來，對小孩嚴格的教育，應該包括使用金錢，因為花錢也是一種素養。它直接關係到一個人的發展，是人生能否幸福的一個重要因素。

理財能力是孩子必須具有的最重要的能力之一，它會直接影響到孩子未來的生活與工作。這種能力的培養應從孩童階段開始，越早效果會越佳，否則就會非常被動。所以，對卡爾的理財教育，在他很小時我就開始著手了。

孩子小的時候沒有收入，金錢意識不是很成熟，他們對錢有著強烈的要求及欲望，但卻往往不知如何管理。這就容易導致孩子在用錢方面出現種種錯誤，這些錯誤直接關係到他們自身的成長。

經過觀察與研究，我發現孩子都有非常相似的錯誤：濫用父母的錢、先享用後付錢、只把錢看成是單純買東西的工具、從不存錢，存的沒有花的多、花錢的背後已經有過好幾次的花錢欲望、把身上的錢花個精光、花錢是一種享受、不做任何計畫。以上種種，都是孩子花錢上容易犯的錯誤。幫他們改正錯誤、樹立正確的金錢觀，是每個父母的基本責任與義務。

我反對父母沒有節制地向自己的孩子提供金錢，無條件滿足孩子的花錢欲望，放縱孩子過度的物質欲望。我認為，這些除了助長孩子的惡習外，沒有任何好處。當他們以後要以有限的收入去應付生活時，一旦需要做出影響自己經濟境況的重要決定，就會手足無措。

在給卡爾零用錢時，我主要是讓他從小就去學習如何計劃

使用自己的錢，並要他了解勞動與報酬之間的關係，進而在他的腦海中形成一種觀念。我不會經常性地給孩子錢，只有他有必須要買的東西時，或者在做了好事的情況下才作為獎勵給他。

卡爾 3 歲左右就產生了獨立的自我意識，會有「我自己來」、「我會做」、「我能做」的表現欲望，這是我在教育卡爾過程中的一點觀察所得。所以在卡爾 3 歲左右我就開始對他進行這一類的教育。這種教育與其他教育一樣，對孩子來講都是適合的，都能為孩子的成長增加豐富的養分。

理財教育其實就是一種工具及手段。理財教育的目的並不僅僅是讓孩子學會存錢或經商，而是要透過理財教育把他變成一個能幹、健全、合格的人。為加強理財教育，基礎觀念的培養就顯得尤為重要。

下面是我在對卡爾實施理財教育時總結的幾點經驗：

第一，對孩子一定要誠實。

因為這關係到他以什麼樣的態度，去面對金錢跟與錢有關的事情，以及社會和公眾對他的評價。如果孩子做不到誠實，這會為他的將來帶來麻煩甚至釀成惡果。

第二，要讓孩子懂得自尊。

我時常告誡卡爾，在金錢面前要保持自尊。金錢是一種最容易讓人失去自尊，做出違背自己心願之事的東西。但如果一個人在金錢面前能保持自尊，不出賣自己良心的話，金錢就會尊敬他，使他在事業上獲得更大的成功。我在自己的行為上以身作則，極度注意在金錢方面為卡爾樹立自尊的榜樣。孩子透過兒時的種種經歷及對榜樣的學習，基本上就能樹立自尊。

第三，培養孩子自身的金錢觀及價值觀。

一個孩子發現自身的價值後，他會感到無比的喜悅，從而有一種發自內心的幸福感。

所以，我常告誡卡爾，儘管我們都十分喜愛財物，但不要因此一味貪圖財物。因為財物雖可以給我們的生活提供支援，但它卻不能創造一種真正有意義的生活。

身為家長，學會支配孩子的金錢，對孩子的將來有很大的益處。對孩子是否實施正確的理財教育，在很大程度上決定著孩子將來的人生。

第十章　培養好習慣，遠離壞習慣

第十一章
培養孩子優秀的心理素養

▎從小就得培養孩子的勇氣

我認為勇氣是人積極進取的動力。一個人如果缺乏勇氣，無論多麼博學多才，最終也只會是一個軟弱無能的人。當然，害怕孩子遭受意外，是每一個家長都非常擔心的事情。但是如果愛得太過了，讓孩子失去了接受鍛鍊的機會，那就是愚蠢的行為了。培養孩子的勇氣，其實也就是家長對自身勇氣的一個考驗。我的兒子從小就知道勇氣的價值。

有一次，卡爾和別的孩子一起玩遊戲時，手指不小心被同伴弄痛了，令他難以忍受。但他卻在心裡告誡自己，一定要忍住不流出眼淚。最終，他強忍住快要流出的淚水，裝出一副若無其事的樣子，和同伴們繼續玩耍。

後來，卡爾對我說，他不願在同伴們面前表露出他的軟弱，一旦眼淚掉下來，同伴們會瞧不起他，也許從此就不再跟他玩了。

我一直非常注意對孩子勇氣的培養，也非常讚賞那些力求讓孩子變得更勇敢的父母。英國人在這方面做得比較好，他們培養孩子勇氣的方法值得我們學習推廣。他們經常帶小學生組成的童子軍去野外探險，讓孩子們在險惡的環境中生存。這樣做的目的就是為了培養孩子的勇氣與探索精神，以及在艱苦惡劣的環境下生存的本領。

像這樣的活動，英國很多地方都有，他們並不是只教授一些技術，最重要的是鍛鍊孩子的意志及勇氣，為孩子將來的工作和學習打好基礎。

某些事情在成年人看來是非常危險的，不適合孩子們；但事實上，有些事情孩子們是完全能夠勝任的。只是父母出於愛心，或對孩子的能力缺乏正確的認知，從而導致了孩子缺乏探索新事物、熟悉新環境的勇氣。我覺得在家長的呵護中長大的孩子，會缺乏解決困難的勇氣，這對他將來的人生會有非常不良的影響。一個人能否獲得成功的重要因素，就是看他是否具有勇氣及自信心。

　　在卡爾小時候，我和妻子都不會主動替他做事，哪怕是那些對他來說有困難的事情。這就培養了他勇於面對困難的勇氣，從而增強了他獨立做事的能力。

　　在我看來，受到父母過度保護的孩子會失去自信及勇氣，長此以往，孩子會產生強烈的依賴心理，並認為自己什麼也不能做，沒有自信心。

　　我對孩子的關心是非常有分寸的，從不會過分地呵護他，而是盡量培養他在各方面都具有獨立做事的能力。因為在日常生活中意外是隨時隨地存在的，磕磕碰碰是無法避免的。對孩子來說，有些時候不應該逃避危險，而應該學會去面對、去忍受，因為成年之後需要面對及忍受的東西更多。所以從小培養孩子的自信、獨立與勇氣是為了讓他日後能更好地工作、生活。

　　受傷的膝蓋是容易治癒的，但是，一個孩子如果自信心受挫，勇氣是得不到開發的，將是終身難治的「病症」，很多父母在教育孩子時最容易犯的錯誤，就是認為孩子什麼也做不好，什麼也不能做，所以事事都會阻止他們自己做，都要替他們代勞。這樣孩子慢慢地對自己失去信心，失去了努力去探索、去

追求、去鍛鍊自己的自覺性。這種父母忽視了一個道理：只有透過各種鍛鍊及磨練才能使孩子成為一個有用的人。

許多事情，孩子自己完全可以做得很好，父母就要放心地讓孩子去做，這一點非常重要。這就讓孩子意識到「我可以」，從而培養出孩子的自信與勇氣。

對於卡爾的教育，我一直在努力避免一種先入為主的錯誤觀念，而是用激勵的辦法促使孩子去主動做事；既不打擊，也不過度表揚。

我教育孩子的一個前提就是「你一定能做好」。我認為有些事情孩子可以跟大人一樣做得好。孩子隨時隨地都應該學習生活的本領，儘管有時他學不好或做錯事情，這都是大人無法避免的，更何況是孩子。只要他勇於失敗、面對失敗，並始終保持他的自信及勇氣，這樣的孩子就會成為一個真正優秀的人。

家長們一定要記住，你越是擔心孩子去冒險、阻止他們去做事，孩子就會越反感，從而導致心理失衡，有時甚至還會形成叛逆心理，固執地去做家長們不讓他做的事情。

▋培養孩子勇於冒險的能力

我經常聽到很多父母抱怨說，孩子都已 16、17 歲了，這時候才發現，自己有太多的教養方式值得檢討改進。以給孩子穿鞋為例，他們經常在孩子高喊「我不會」時，仗義幫忙，一副大俠替人解危的模樣。

雖然如今孩子並沒有出現什麼大的紕漏，但依然可以明顯

發現，他們的孩子似乎比其他小孩子來得退縮、缺乏信心，甚至不具冒險性。

確實，長期以「我不會」換取家長幫忙的孩子，比較缺乏再嘗試的勇氣。從心理學的角度來看，其一是孩子想偷懶，或避開責任；其二則是家長的過度保護，讓孩子有機可乘。基本上，這兩種原因應該是互為因果，值得家長好好反省，否則一定會「有點後悔、有點怨嘆」。

也許你會說，讓孩子事事自己動手，不是有點冒險嗎？但話又說回來，比起孩子未來的前途，這點小冒險又算什麼呢？更何況，很多情況只是一種挑戰而非冒險，就以穿鞋為例，你不必為他效勞，只要多給他些時間，孩子自然有能力把它做好。拼圖也是如此，只要孩子願意多花一些時間，拼圖並不能難倒他，你說不是嗎？

或許從高高的滑梯上溜下來，對一個3、4歲的小孩子而言，有點困難，但只要你能讓他從矮一點的開始嘗試，他們也必然可以克服這種心理障礙。既是如此，你何不讓他冒點險？

另一方面，在複雜多變的社會，未來的形勢經常是不可預測的，過於小心謹慎，就會讓我們停滯不前。從這一點出發，為了孩子的將來，父母也有必要讓孩子培養勇於冒險的能力。這也是我教育卡爾的一個重要心得。

下面，是我培養卡爾冒險能力的一些經驗及技巧，希望對父母們有所幫助：

（一）讓孩子積極嘗試新事物

在生活中，由無聊、重複、單調而產生的寂寞，會逐漸腐

蝕人的心靈。相反，消除一些單調的常規因素倒可以避免讓你精神崩潰。積極嘗試新事物，能使一蹶不振、灰心失望的人重新恢復生活的勇氣，重新掌握生活的主動權。

（二）讓孩子不要總是定計畫

缺乏自信的人相對缺乏安全感，凡事希望穩妥保險。然而人的一生是根本無法定出所謂清晰的計畫的，其中有許多偶然的因素在發生作用。有條有理並不能帶給人幸福，生活的火花往往是在偶然的機遇及奇特的直觀感覺中迸發出來的，只有欣賞並努力捕捉這些轉瞬即逝的火化，生活才會變得生氣勃勃，富有活力。

（三）要讓孩子試著去冒一些風險

冒險是人類生活的基本內容之一。沒有冒險精神，體會不到冒險本身對生活的意義，就享受不到成功的樂趣，也無法培養及提高人的自信心。自信在本質上是成功的累積。因此，瞻前顧後、驚慌失措、避免冒險無疑會使我們的自信喪失殆盡，更不用指望幸福快樂會慷慨降臨。

（四）教會孩子不要低估自己的潛力

很多人自詡有自知之明，但是，他們所「知」的不少東西其實並非真知，而只是一些謬誤，是限制自己手腳的框架。這種信條乃是限制自我走向成功的最大障礙，也是限制他們與環境抗爭的最大障礙。

▍幫助孩子學會肯定自我

　　透過對周圍孩子的觀察及以往對教育歷史的研究，我發現，有些孩子之所以缺乏自信，一個很重要原因就是父母以完美主義的態度過高地要求孩子。在父母完美苛求中成長的孩子，往往做事認真，成績超人，是父母和老師的驕傲。但是，在漸漸長大之後，長期形成的完美習慣就會變本加厲，導致強迫症。有的孩子寫作業稍有塗改，就全部撕掉重做；答題速度越來越慢，一遍又一遍地反覆檢查，甚至考試時做不完題目；更有甚者，因為走在路上反覆數腳下的地磚而經常遲到。

　　孩子在這種強迫症的影響下，自信便可能喪失殆盡。在不能完美地完成一件事時，他就會在潛意識中對自己做出否定認知——「我不行」、「我的腦袋不好」、「別人就是不喜歡我」等等。

　　孩子都需要從心理上不斷地自我肯定，來獲取前進所不可少的原動力。而對缺乏自信的孩子來說，要擺脫自卑的陰影，並樹立自尊及自信，自我肯定無疑更為重要。以下是我總結如何幫助孩子學會自我肯定的幾個簡單易行，且行之有效的辦法：

　　（一）不要太過完美地苛求孩子

　　對待有自卑心理的孩子，父母應適當降低對孩子的要求。假如孩子畫了一匹馬，那麼你最好不要過度挑剔這裡不好、那裡不像；而應發現孩子的每一成功之處並做出由衷的讚賞：「看，那馬尾巴畫得真好啊，好像是在風中飛舞一樣！」或者：「你幫馬塗上的顏色真漂亮！我敢說這是世界上跑得最快的馬！」

需要強調的是，你應該讓孩子覺得：你對孩子的讚賞完全是誠懇的；而不是應付、客套的，更不應該是虛偽、做作的。為了實現這樣的目標，你需要在思想上做出調整，在表述上講究藝術。

其實，讓自卑孩子學會自我肯定的首要目標即是：幫助孩子從自己的行為中獲得滿足與動力。我們應該讓孩子懂得：做該做的事，並且把它做好，這本身就是成功，也是對自己最好的肯定。

（二）注意表揚的方式

讓孩子多做自我肯定的一個最簡單的方法，是變更你對孩子做出的所有表揚的主語：只要把「我」改成「你」，把「我們」（父母）對你（孩子）的表揚，變更成你（孩子）對自己的表揚。這種簡單的變化，能夠更充分有力地讓孩子明白自己的行為是正確的，這實際上有一種增加對孩子讚賞的效果。如：「你今天用積木蓋起了這麼高的大樓，我真為你感到驕傲！」可改為：「你今天用積木蓋起了這麼高的大樓，你一定為自己感到驕傲！」

（三）不必過於看重別人的評價

父母可以對自卑的孩子多做表揚，但其他人（包括朋友們）卻不一定能完全做到這一點。他們或許會「實話實說」，或許會故意挑剔，甚至諷刺挖苦。此外，孩子不可能永遠地依賴別人的評語，而遲早要依靠自己內心的動力前進。有些孩子完全依賴成年人的讚許，連怎樣認可自己都不知道了。這樣的孩子長大後如果成為球員，那就可能在比賽時每打出一個球，就會回頭看看教練的臉色，他自然就難以成為一個成熟的球員。面對

這樣的孩子，不妨指出他的正確之處，然後提醒他不必過度看重別人的評論。

自卑的孩子因為做了一件錯事而遭到了批評，一下子感到喪失了前進的方向，此時你應該告訴他，對待批評的最好辦法便是承認並改正；當孩子主動承認了錯誤時，你完全可以告訴他：「你這樣做很不容易，因為這需要很大的勇氣，你可以對自己說『你做了一件了不起的事』。」

（四）強化孩子的自我肯定

對自卑情緒嚴重的孩子來說，他心中的自我肯定往往是脆弱、飄搖不定的，因而極需得到外界不斷地強化。強化孩子自我肯定的方法很多，如：可讓孩子為自己記一本「功勞簿」，讓孩子每週花幾分鐘寫出（或畫出）自己的「功勞」；並告訴孩子，所謂「功勞」，並不非得是了不起的成就，任何小小進步，以及為這種進步所做出的任何小小努力，都有資格記載；也可為孩子準備一些小小的獎品（如畫片、玩具、連環漫畫等）——每當孩子做出了一點成績，或一件令他感到自豪的事，他就有可能獲獎；你還可以教孩子學會以「自言自語」的方法不斷對自己做出讚揚——當孩子遇到困難正躊躇畏縮時，你不妨鼓勵他自己對自己鼓勵：「來吧，小朋友，你可是一個不怕失敗的好孩子，再努力一次吧！」

（五）適度運用自我肯定

鼓勵特別自卑的孩子多做自我肯定，並不意味著應該讓他「濫用」自我肯定。不要鼓勵孩子在任何時候、任何情況下都使用自我肯定。自我肯定也應有個限度，既要分時間、場合，更

要有一定的原則、標準及尺度。再好的良藥，也不能下得過猛 —— 孩子的自我肯定用過了頭，那就可能變成一個自負，甚至唯我獨尊的小霸王。這種傾向是必須要注意、防止的。

▋讓孩子擺脫對父母的依賴

　　我經常向別人強調一個很重要的教育準則：孩子可以獨立完成的事，家長千萬不能替他做，一定要讓孩子自己去完成。我對卡爾的教育就是按照這個準則去做的。

　　阻止孩子做事，或者由父母代勞，是對孩子積極性的最嚴重的打擊，因為這樣就會讓孩子們失去親身實踐的好機會，也就相當於不信任他們勇氣及能力，便容易讓孩子產生自卑感與危機感。自信及安全是建立在可以用自己的能力去處理問題的基礎上的，要是孩子缺乏獨立性，那就談不上自信心，安全感也就無從建立了。

　　有位妻子在丈夫死了以後，對自己唯一的兒子加倍疼愛。孩子已經 6 歲了，還是衣來伸手，飯來張口。等孩子再長大了一些，依舊沒有什麼變化，還是不會自己吃飯穿衣。而同齡的孩子都能把這些小事做得非常好，相比之下，這個孩子就顯得笨拙又可憐。於是有人建議這位母親，像他這麼大的孩子應該自己學會獨立了，不能再依賴母親了。可是她卻說：「兒子是我的唯一，我愛他，願意為他犧牲一切。」

　　這位母親自認為是個合格的母親，她願意為孩子犧牲一切的精神也值得尊重，可是，她卻不知道這樣的愛其實是在可

憐孩子，實際上是在告訴孩子他是無能的。這樣的愛不利於孩子的健康成長及獨立意識的培養。孩子可以不學習、不做任何事，一切由母親代勞。可是，一旦沒有了母親的照顧，他就會很失落、很不適應。

這位母親忽視了兒子本身的成長，她無私的愛實際上是自私的行為，因為她忽略了孩子成長發展的需求。

在孩子長大以後，母親一如既往地替他做事。孩子這不會做，那不願意學，他自己也覺得自己很無能，處處不如人，不敢跟朋友們在一起。這樣兩手空空、毫無準備的孩子，是不可能適應社會的。

我已經一再強調，代替孩子做他們能做的事，等於是告訴他們：我們比他們強，比他們有本事、有經驗，就是顯示我們的偉大跟他們的渺小。這樣教育出來的孩子，即使身強體壯、相貌堂堂，也是畏首畏尾、沒有勇氣與獨立的能力，更談不上擁有美好的未來了。

我敢說，我的妻子在培養孩子獨立意識方面是很有一套的。

當卡爾應該學會自己穿衣服的時候，妻子不會替他做，而是讓他自己嘗試，一邊指導、示範，一邊看著他自己穿好。妻子也從不催促他，只是慢慢地說：「你一定能夠自己穿上的，慢慢來，不行爸爸媽媽再幫你。不要忘了，你已是一個大孩子了。」如果卡爾這時候還是堅持認為自己不能穿，妻子也並不理會，而是繼續鼓勵他：「你肯定能自己穿上。爸爸媽媽閉著眼睛數十下，看你能不能穿上。」這時卡爾可能繼續下去，也可能開始哭起來而不再做任何努力。這時，我們就假裝不再理他，當

卡爾發現他的哭鬧並不能引起我和妻子同情時，就會繼續嘗試靠自己解決問題。這樣，卡爾很快就學會了自己穿衣服。

在古代德國，兒童就被當作獨立的成人來對待。貴族們往往把自己的孩子送到另一個城堡的其他貴族那裡，學習怎樣做真正的騎士。他們認為在離家獨立成長的過程中，可以使孩子具備一個騎士所應有的素養與知識。可見，對孩子獨立意識的重視，是自古以來的一個優良傳統，這對民族及國家的發展極為重要。

在我看來，這種傳統意識至今並未遭到摒棄，很多父母甚至認為這是比傳授孩子知識更重要的職責，他們放手讓孩子去鍛鍊，以培養孩子自立自強的能力。他們的這種做法應該得到大力推崇。我也是這樣教育卡爾的。

當孩子產生恐懼與無助的感覺時，會本能地求助於父母，希望從父母那裡得到安慰。他們知道父母的愛會給他們溫暖與支持，對這種舒適感的依賴讓他們把感情的支點放在了父母身上。不僅情感不獨立，自己的情緒也會受別人影響；他們缺乏自我意識，很難讓自己在心理上得到滿足。他們高度依賴別人，尤其是父母，在思想、價值及行為上都沒有自己的想法，多半是按照父母或其他權威的方式思考跟行動。一旦喪失依賴的對象，他們就會陷入絕望與危險的境地。

一個真正具有獨立精神的人，肯定有著強烈的自主意識；有主見、自制力強、知道自己想要什麼，以及如何做才能達到這個目的。正如一句名言所說：「偉大的人們立志要滿足的是他們自己，而不是別人。」

依賴意識具有很強的隱蔽性，這就對家長提出了更高的要求。家長一定要反省，在給孩子的愛中是不是有這樣的成分存在：儘管很清楚地明白應該讓孩子學會獨立，但因為擔心孩子受到傷害，而習慣於包辦、習慣於指手畫腳，總以擔憂的目光注視、提醒孩子，或者乾脆替孩子掃除障礙、鋪平道路。這種態度及做法，有意無意地束縛了孩子的手腳，阻礙了他們獨立性的發展。

　　在教育卡爾的過程中，我非常注重對他獨立意識的培養。卡爾剛出生，我和妻子就把他放在搖籃裡，而不是抱在懷裡餵奶；而且嚴格規定時間，如果沒到時間，孩子再怎麼哭叫也不餵。

　　很多朋友都認為我的做法有些殘酷。其實不然，從孩子幼年的時候就開始訓練他的獨立精神是重要且必要的。那些細緻入微的關懷，不僅不能讓孩子學會獨立，反而常常會造成孩子的能力低下。孩子在少年時期的叛逆，很多時候都是對父母關愛的反抗。因為他們不願意被看成是一個毫無用處的人，他們要在眾人面前證明自己的存在及能力，所以他們會反抗父母過多的關心。

▌培養孩子的抗壓能力

　　就一般人類成長的規律而言，逆境與挫折更易磨練人的意志，也更容易造就人才。從逆境中走出來的人既有成功的經驗，又有失敗的教訓；他們更加成熟，具有更強的生命力及競爭力。他們清楚地知道，成功往往是建立在失敗的基礎上，所

以，這些人更具有從容樂觀面對挫折的大將風度。

　　要讓孩子具備這種勇於面對失敗、挫折的能力，就必須從小培養他們的抗壓能力。

　　所謂挫折，就是遇到困難或失敗時的心理感受，不能滿足需求或難以滿足需求，心裡當然不好受。但是對意志力不同的人來說，挫折的意義是很不相同的。

　　我時常告誡卡爾：無論是在生活當中還是在學習上，都必然會遇到很多很多的困難及挫折。你必須成為一個堅強的人，當遇到這些困難時，如果有退縮之意，就不能繼續向前。所以，認準一件事後就要盡力而為，只要有恆心、能夠堅持，那麼一切困難都會迎刃而解。

　　我教育兒子必須能夠接受失敗，不然的話，就不能養成持之以恆的堅毅性格。我從卡爾很小的時候，就開始教他忍受失敗所帶來的負面影響，並教他如何勇敢地面對失敗。

　　我竭盡全力讓卡爾明白：走向成功的路上必須面對錯誤，甚至失敗，關鍵要盡自己所能。

　　無論在什麼情況下都不要太極端。有些性格較極端的孩子因為害怕不能達到父母與老師的期望，甚至以自殘來避免失敗。少年為了掩蓋失敗的恐懼，最普遍的方式就是酗酒和打架，但這並不是巧合，孩子們的這些不良行為，都是因為他們已經到了最在乎別人對自己看法的年齡階段。

　　經驗告訴我們，家長只要從孩子小時候就培養他們的自信、堅強與勇敢的精神，理解、信任、鼓勵他們，並多跟他們交流，孩子的極端行為就自然能夠輕鬆避免。

人的自我欺騙能力是無止境的，因此我非常重視教會卡爾以現實為基礎進行思考。人只有面對現實才會有所作為。有不少的人整天沉迷於幻想之中，不能面對現實，這是對現實的一種逃避心理。

有許多父母不願意讓孩子面對現實殘酷的一面，總想把他們保護在理想的世界中，這不僅不能讓他們學會處理現實問題的本領，還會讓他們無法面對現實、產生更強的逃避心理。我認為父母在不自覺中對孩子造成的這些不良影響，是極不負責任的一種行為。

不管卡爾有多麼痛苦，我都要求並且幫助他去面對現實。當我向卡爾解釋並教他處理問題的時候，他就會慢慢地明白，哪怕是最艱難的處境，父親也有能力來面對與解決它。這時兒子也會自信地說：「爸爸，相信我，我一定也可以做到。」

學會爭取，懂得放棄

在前面我已經說過，我的教育宗旨就是把卡爾培養成一個合格的全面發展人才。在他的早期教育中，我特別強調全方位發展。只要是他想學的，我都盡量滿足；只要是有利於他成長的事，我都不會反對，也從不加以限制。

我發現，很多家長都喜歡從自己的角度出發，希望孩子成為他們想像中的人才，他們太早為孩子選擇方向，僅僅照著自己的愛好去培養孩子。這種做法對於孩子的成長是極為有害的。

有些父母，由於自己喜愛藝術就逼著孩子也去學習繪畫、

音樂，根本沒考慮過孩子的感受，也不會用行之有效的方法去引導孩子。在我看來，這樣的做法只會適得其反，很有可能將孩子本身的愛好抹滅。每當看見那些被父母逼迫坐到鋼琴前的孩子時，我就感到心痛。那些孩子根本就不是在受教育，而是在受折磨。從小就在被強迫的痛苦之中學習的孩子，怎麼能夠熱愛學習呢？在父母的皮鞭下塗抹顏色的孩子怎能成為畫家？

卡爾在早期教育中學到了豐富的知識，也養成許多非常有意義的愛好。但並不是我逼的，而是他自己主動選擇的，並且每次都充滿強烈的興趣。既找到了學習的樂趣，又享受了美好的童年。

當然對於卡爾來說，我從來不曾要求他能將所有的這些愛好都達到登峰造極的境地。這是沒有必要，也不太可能的。培養一個全才並不是說要培養出一個無所不能的超人。人都有缺點，沒有十全十美的人，所以不可能面面俱到。

我一直鼓勵卡爾從事藝術方面的活動。他喜歡畫畫，喜歡音樂，我都予以支持及鼓勵，因為這些愛好有助於增強他的想像力與創造力。但這並不意味著非要把他培養成一個畫家或音樂家。當然，如果是出於他的本意及天賦，如果他想成為藝術家，那就是另一回事了。

如果孩子迷上了某種與他先天條件不符的事物時，家長就有責任幫助孩子做出正確的選擇。因為多方面培養並非要求面面俱到或平均使用力量，還必須視環境、條件是否允許而定，尤其是要根據孩子的身心特點、興趣愛好及發展前景來因材施教。幼年的孩子天生都很自信，即使在面對無法跨越的困難、

無數次的失敗後，這種自信也絲毫不會減弱；某些事情，有經驗的人早看出是不可能成功的，小孩子卻天真地相信只要堅持下去，最終會成功。在我看來，孩子有這樣堅韌的毅力是令人讚嘆的，這種從不氣餒的精神是值得嘉許的。但是，在孩子不能對自己做出正確判斷的時候，父母應該承擔起這一重任。

每一位父母都有責任不讓孩子在沒有成功可能性的路上白白耗費寶貴的生命。一旦遇到這種情況，父母應該抓住機會教他學習實際地思考問題。這樣就能引導孩子漸漸走向成熟。

我經常告訴卡爾，遇到難事時能爭取的就去爭取，如果實在不行就要果斷地放棄，這樣做也是一種智慧的展現。這也算是人生中的一種考驗，大多數人都會面臨這樣的難題。

在卡爾學習演奏樂器時，當時我的出發點只是想透過這種愛好，能讓他的手指變得靈巧，同時進一步開發他的智力，所以他偶爾彈錯幾個音，我們也不會責怪他，更不會因此感到失望。

在卡爾大約 8、9 歲時，有一天突然說自己想成為勇敢的武士、威武的將軍，不想再學習語言、數學等知識了。

我完全理解這種想法，因為我也經歷過這樣的階段。8、9歲的孩子剛懂事又不太懂事，他們都有著想成為英雄的渴望，都想成功、都想征服世界、都對未來充滿希望，但是又都顯得心浮氣躁。在這種情況下父母的指導尤其重要，如果父母指導錯誤，孩子就會在不成熟的想法下做出錯誤的選擇，浪費了寶貴的時間。為了讓卡爾真正懂得其中的道理，我並沒有像有些父母那樣直接否定，而是告訴他英雄必備的素養，慢慢教育他。

第十一章　培養孩子優秀的心理素養

「卡爾，你還記得我跟你講過的那些傳奇故事嗎？那些東方武士多麼充分地展現了英雄主義啊！」

「是啊，我也想成為那種英勇的武士，行俠仗義、劫富濟貧、救助窮人。」卡爾說道，他的眼神裡充滿憧憬。

「可是，你想過他們是怎樣成為武士的嗎？」我問道。

「他們從小苦練武功，訪遍名山拜師求藝，最終成為大英雄。」

「你想當武士很好，可是我又不會武藝，在我們這裡也沒有那些身懷絕技的老師，你怎麼學呢？」我問道。

「那我就去東方，去中國、去日本……」

「那非常好，可是到了東方，你就一定能找到那樣的老師嗎？找到後他就一定會教你嗎？還有更重要的，我跟你講的那些故事畢竟只是故事，都是遙遠的傳說，但在現實中不一定是真實的。你想想，一個人真的能夠一下跳幾十公尺高嗎？我認為那是不可能的，那是人類的極限無法達到的。那些故事只是為了給人娛樂、想像力，是人為創造的。我講那些故事的目的，是為了讓你學習那些武士的勇敢精神，並不是一定要讓你成為武士。」卡爾聽到這些時顯得特別失望，於是我就繼續開導他。

「此外，現在的時代已經與古代大不相同了。古代的英雄及將軍，必須親自上陣，自己拿著刀劍上戰場拼殺，因為那時的科學比較落後、原始。而現在的將軍必須具備過人的智慧、掌握各式各樣的知識，而不再是僅僅憑自己的武藝去殺敵。

卡爾，你一定要記住，人各有所長，也各有所短。你要時

時刻刻清醒而正確地把握自己的長處。你看，你的數學、語言、文學都是非常優秀的，幹嗎要放棄它們呢？在每一個領域裡都能成為英雄，而不單單只是在戰場上。如果你成為文學家，會為人類帶來極大的精神財富，那你也就成了文學界的英雄。如果你成為發明家，為人們創造出許多有用的東西，這時你也成了英雄。

一些你不適合做的事，應該果斷地放棄。能夠真正面對自己的人，才算是真正的大英雄。」

聽了我的話後，卡爾頓時好像明白了英雄的內涵，懂了爭取與放棄的辯證關係。這讓他在以後的生活中，不管遇到什麼情況，都能理智地選擇。

第十一章　培養孩子優秀的心理素養

第十二章
學習習慣決定學業成績

▌學習要專心致志

　　總有父母問我：「為什麼卡爾學習那麼優秀？為什麼他們的孩子每天都坐在書桌旁刻苦學習卻絲毫沒有一點長進呢？」他們對此深感不解。

　　我還真不知道該怎麼回答這一類問題。因為很多因素都會影響孩子的成長，但可以肯定的是，那些孩子之所以在學業成績上不盡如人意，大多是因為沒有從小養成良好的學習習慣，並不是卡爾有多聰明，或那些孩子有多笨。

　　其實家長如何去培養孩子，如何正確地引導他們才是最關鍵的。很多天資聰穎、悟性很高的孩子，因為沒有得到父母的正確引導，對什麼都感興趣，什麼都想學、什麼都學不好，結果聰明反被聰明誤。

　　有求知欲及廣泛的興趣本來是好事，但如果沒有父母的正確引導，孩子們往往什麼都想學，卻什麼都學不好。

　　卡爾也是個好學而有多種愛好的孩子，但他並沒有因興趣廣泛而影響學習。關鍵在於我從他很小的時候就嚴格地教育他如何計劃與安排。

　　不管他在學習什麼，我都要他必須做到專心致志。學語言的時候就只想到語言，學習數學的時候就專心於數學。如果他在學習的時候想著玩，在玩的時候又害怕影響學習，這種情況我是絕對不允許的。一心不可二用，如果不能一心一意做事，那麼一切都是徒勞。如果怕孩子不能專心致志地學習，就算他整天都在書桌旁坐著，那也只是心不在焉地裝裝樣子。這樣只

會浪費時間，同時也是對家長和自己的一種欺騙。

　　很多孩子整天待在書桌旁刻苦學習卻不能取得理想的成績，就是因為他們不能專心致志。人雖然坐在那裡，捧著書，但是思緒早就飛到九霄雲外了。這怎麼能學進去知識呢？與其如此，還不如到外面痛快地玩一把。

　　我有一個交情很深的老朋友，他的兒子哈特韋爾是一個非常聰明伶俐的孩子，他比卡爾大整整十歲，我幾乎是看著他長大的。哈特韋爾小時候和卡爾一樣，對萬事萬物都有極強的好奇心，也有很強烈的求知欲。

　　我每次去他們家串門子時，小哈特韋爾就圍著我問各種問題。對於他提出的問題我也總是耐心認真地給予解答。從此，我就成了小哈特韋爾的好朋友。

　　然而，他的父母卻告訴我，在他接受正式教育後，成績總是無法盡如人意。我一開始還不明所以：他很聰明，父母也都很有學問，對他的教育不會很差，按理說成績應該很好啊！

　　為了幫助他的父母解開這個疑團，我請求他們讓我暗中觀察哈特韋爾的學習狀況。

　　我偷偷地躲在另一個房間，從門縫裡觀察他，跟平時一樣，到了讀書時間，哈特韋爾就坐在書桌前背誦荷馬的詩。剛開始我還能聽見他小聲的讀書聲，可是沒過多久，他讀書的聲音漸漸地就消失了。我看到小哈特韋爾抬起頭望著外面的天空發呆，他的注意力並沒有集中在捧著的書本上。

　　看到這裡，我便把哈特韋爾的父親也叫過來觀察。當他的父親看到這樣的情景時非常生氣，立刻就要進去訓斥孩子。

　　我及時攔住了哈特韋爾的父親，小聲地對他說：「不要這樣，消消氣，先讓我去跟孩子談談」。

　　我輕輕地走進了孩子的房間，他已經想得入迷了，當我走到他身後時，孩子依然沒有察覺。我在他的肩膀上輕輕地一拍，他就像受到驚嚇似地抖動了一下。

　　「你在看什麼？孩子。」我輕聲地問。

　　「啊，威特叔叔。」孩子似乎還沒有完全回過神來。

　　「你剛剛在想什麼呢？為什麼在讀書的時候分心了呢？」我又輕輕地問他。

　　「不，我……我沒有分心。」哈特韋爾支支吾吾地說。

　　「那我考考你剛才背的詩。」說著，我拿起他的書。

　　他想了很久也沒有背出一句，羞得滿臉通紅。

　　「孩子，你如果沒在想什麼，怎麼會連一句都背不出來啊？」

　　此時，他只好承認剛才分心了。

　　「我也不清楚為什麼看書的時候總是分心。」

　　「你剛才在想什麼呢？」

　　「我在想昨天發生的事。一個身強力壯的小朋友欺負別的孩子，我看了很生氣。我剛才就在想，如果我有強壯的身體及過人的武藝就好了，我騎著高頭大馬，揮舞寶劍，保護那些被欺負的小朋友，好好教訓那個壞孩子，讓他嘗嘗被欺負的滋味……」說著，他就情不自禁地比劃起來，兩眼炯炯有神，看上去就像一個小英雄。

我打斷了他的想像，開導他說：「孩子，讓我說幾句。你要知道幫助別人是應該的，但不能只是想而不做！現在你正在讀的這本荷馬的書中，就講了很多英雄們的事蹟，你應該看看那些書中的人物是怎樣成為英雄的。目前你還在學習，就應該以學習為主，其他的事情暫時放下，只有學好本領後你才會成為一個真正的英雄。如果你想做一個幫助別人的英雄，不能只坐在書桌前幻想，而是應該學習書上那些英雄的智慧。」

「我懂了。」哈特韋爾恍然大悟地說：「我先透過書本學習書中英雄們的智慧，然後我再到外面去鍛鍊身體使自己也變得強壯有力，到時我就能夠真正地去救助那些弱小的孩子們了。威特叔叔，你說是這樣的嗎？」

我微笑著點了點頭。

「我明白了。」說著，他便捧起了書本，專心致志地讀起來。

此後，他的父親碰見我說：「嗨，威特，老朋友，你的教育方法真棒，現在孩子的學業成績提高得非常快。」

哈特韋爾因為不能專心致志，才會導致功課不好，我發現後，巧妙地讓他專心學習，他的成績提高很快也就在情理之中了。

不要浪費學習時間

卡爾在學習時，我絕對不讓他受到任何干擾，並嚴格規定他學習與玩耍的時間，培養他珍惜時間好好學習的好習慣。

剛開始，我每天平均給他安排 45 分鐘的學習時間。如果他

沒有抓住這段時間集中精力學習,我就會嚴厲責備他。

在卡爾學習的時候,即使妻子和女傭來問什麼事,我也一定會拒絕:「卡爾現在正在學習,現在絕對不行。」

如果客人來訪,也不可以打斷我輔導卡爾,我會告訴妻子或女傭讓客人稍候。所有這些都是要讓卡爾養成珍惜時間的學習態度。

不僅如此,我還非常注意培養兒子做事有效率的習慣。如果兒子做一件事拖拖拉拉,即使做得再好我也不會滿意。這對培養兒子雷厲風行的作風有很積極的作用。

培養孩子做事有效率的習慣非常重要。我們周圍有很多人,在工作之前,他們總是會坐下來蘑菇很久,這正是因為他們自幼養成了一種很壞的習慣所導致的。他們在磨蹭之中虛度跟浪費了多少時間啊!

我經常告誡卡爾,做事要有效率、乾淨俐落,才能成為一個受人歡迎、有能力的人,才能在有限的生命中做出非凡的事業。

有一次,我出了道數學練習題給他後就離開房間。跟平常一樣,我給了他時間限制,時間還沒到之前,我絕不會干擾他,為的是讓他獨立地專心解決問題。

但是,因為我要拿一本書,所以這一次在時間沒有到之前,我就進了他的房間。結果,我發現他沒有像一開始那樣坐在書桌前寫題目,而是在屋裡亂竄。

「嘿,卡爾!你在做什麼?」我馬上質問他,「你怎麼不寫啊?」

「沒事的，爸爸，這道題非常簡單，時間很充裕！我一定能在規定時間內解出來。」他並不把這當一回事。「哦？非常簡單？」我生氣地說：「那我就再加兩道。」

「為什麼啊？」卡爾問道。

「你不是說時間充裕嗎？那就應該多寫一些。」我回答道。

卡爾知道我平時對他的教育很嚴格，一向是說到做到。

我又加了兩道很難的題目，之後便離開了。

等時間到了，我就去檢查。發現他正在解第三道最難的題目。

「卡爾，不要解了。」我說道。

「可是，爸爸，我還沒解完呢！」卡爾說道。

「沒關係，我是加了兩道題目給你，但並沒有加時間啊。」我微笑著說。

「這一點也不公平，爸爸！」卡爾委屈地說。

「是嗎？你自己覺得時間多的是，那就應該在多餘的時間內多寫兩道題目。」我這樣說道，因為我意識到他還是不明白，沒有體會到我這樣做是為了不讓他養成拖延的毛病。

「你想想，假如你一開始不拖拖拉拉的，那就有充裕的時間解出那兩道題了。這樣你就可以用剩下的時間看你喜歡的書、做你喜歡的事。可是那段時間你卻摸魚，什麼事都沒做。這種浪費就好像把美味的牛奶倒在地上。你今天浪費時間，我就浪費你的牛奶。當然，我不會像你那麼傻乎乎地浪費美好的東西，我不會倒掉牛奶，而是把它送給女傭，讓它發揮最大的作

用。」

卡爾聽了我的話，若有所思，點了點頭，似乎明白了什麼。

我上面說的話並不是開玩笑，在孩子面前一定要說到做到，那天我確實把牛奶送給了女傭。

而卡爾自從明白不能浪費時間的道理後，就再也沒有做過類似的事情。

▌深入學習，不可淺嘗輒止

在學習上，我要求卡爾深入學習、精益求精，千萬不可淺嘗輒止。為了讓卡爾養成這種良好習慣，當兒子在學習數學及語言等知識時，我嚴格禁止他敷衍了事。

學習就像砌牆，必須將每一塊磚放在合適的位置，一點也不能馬虎，否則，砌出來的牆就不能達到要求。我很不喜歡做事淺嘗輒止的人，他們總是「差不多就好了」，其實差很多。

我教卡爾從小做事要認真，要做就努力做到最好。不管學習還是愛好，都要求精。我告訴他，任何事情做到專精了，就一定有價值。

學習藝術要特別講究深入。卡爾喜歡畫畫，我就從這一方面去教他理解深入學習、精益求精的道理。

我買了很多世界名畫的複製品給卡爾，經常為他講解藝術家是如何完成它們，並力圖完美的。

卡爾非常喜歡秋天時金色陽光下的小橋。他說，萬里無雲的時候，小橋的石頭在燦爛的陽光中泛出黃金般的光芒；太陽

把藍色的河水照得像藍寶石一樣美，深藍的陰影也顯得神祕與變幻莫測。

有一天，我帶著他去村外的河邊寫生，畫他最喜歡的那座小石橋。卡爾坐在河邊專心地開始畫畫時，我就在大樹底下看書。

我認真地看書，偶爾也看看坐在河邊的兒子。也許是卡爾將我帶入了一種寧靜祥和的氣氛中，也許是因為當時天氣很好，我感到愉快極了。

沒過多長時間，卡爾的畫好像已經畫完了，他拿著那幅畫朝我走過來，並將畫遞給我看。

老實說，那幅畫畫得很不錯，構思講究，具體細緻，小橋跟河流還有旁邊的村莊搭配得錯落有致，很有美感。不過，我覺得這幅畫還是有些不足之處，並認為兒子還可以畫得更好。如果是別的家長或許會認為這幅畫就算是成功了，並會對孩子進行一番鼓勵及誇獎。不過我並不是這樣做的，我一旦發現了兒子的缺點就要給他指正。我對卡爾說：「孩子，你以前跟我描述過你想畫的那種感覺，可是為什麼我從這幅畫裡卻沒有看到？」

「我不是已經畫出來了嗎！」他很不服氣地說。

「你說河水在陰影中像藍寶石那麼藍，還帶著神祕感，可是我從你的畫上看不出來啊！」

卡爾順著我的手指看過去，又看了看小橋，很不好意思地說：「哦！我忘了用深藍色畫水的變化了。」

說完，他又畫了起來。

「爸爸，你看這次怎麼樣？」他很快又讓我看他的畫。

「嗯，好多了，色彩比剛剛要好，表現出了水中的陰影，但還是沒有藍寶石那種剔透的感覺，更別說神祕感了。」我挑剔地說道。

事實上，卡爾畫得已經很不錯了，準確地區分出陽光下跟陰影下水的不同顏色，算得上專業水準了，就算經過一定訓練的成年人也很難做到。

我這次只是想提點意見就算了，純粹是為了不讓他產生驕傲之心，若有不足，以後再改進。

不過，他還沒等我說出這層意思，又端詳起自己的畫來；時而觀察流水，時而又咬著筆苦思冥想。

這一次他在那裡待了很久，連我都覺得應該回家了，可他仍然坐在那兒。

「卡爾，該回去了。」我催促道。

「等一下，馬上就好。」卡爾在遠處向我答應了一聲。

我看見他突然埋頭在畫布上拚命地塗抹著，嘴裡還不停地唸唸有詞，也不知他在說些什麼。

他第三次把畫拿給我看時，我被畫面中傳達出的美感震撼住了：陰影下的水，真如藍寶石般晶瑩剔透，神祕夢幻。

「孩子，你真了不起！這是怎麼做到的啊？」

「我發現陰影下的水不是整個深藍，而是由深藍、普魯士藍和寶藍等不同的藍組成的，而且還因為岸邊花朵的倒影，有兩點紅色……」

兒子的回答很專業，他居然靠自己的觀察感悟出了這麼專業的東西，我無法表達自己心中的激動，興奮地拉著他的手往家裡走去。回家的路上，我問他：「第二次就已經做得很好了，怎麼還有那麼大的心思做第三次？」

　　「無論做什麼都不能淺嘗輒止，要深入、要精益求精，這不是你對我說過的話嗎？」

　　聽到卡爾的話，看著兒子那天真快樂的模樣，我的心再次激動起來，我為有這樣的兒子感到興奮與自豪。

▌學習，貴在堅持

　　人的一生中，無論生活，還是學習，都會遇到各式各樣的困難及問題。因此我常常教育卡爾，要是選擇好了一件事，就一定要竭盡全力；只要能夠堅持下去，任何的困難都能夠迎刃而解。

　　卡爾還未出生前，我和妻子就決定努力將他培養成成功的人，雖然當時不知道應該讓他在哪個領域努力，但是有一點很明確：成功的要訣就是認準目標，堅持不懈地奮鬥下去。在卡爾還只會趴在床上時，我們就開始訓練他的毅力。我妻子在這方面很有一套，她總會用各種方法鼓勵遇到困難的兒子堅持、堅持、再堅持，直到成功。

　　堅持的前提是注意力的持久性，在卡爾很小的時候，為了訓練他注意力的持久，我的妻子就開始著手培養他的這種能力，她用了一個能夠引起兒子注意及興趣的玩具：一隻用布做

的黃色小貓。她先把那隻小貓放在卡爾的前後左右吸引他的注意力，等到他產生興趣之後，就把小貓放在他伸出手差一點就能碰到的地方，吸引他去抓。當卡爾因為老是抓不到準備放棄時，妻子就會用手推著他的腳鼓勵他：「用力！再用點力！」在妻子的鼓勵下，卡爾通常會用力蹬腳，伸手將小貓抓住。等卡爾抓住小貓，她就歡呼著並親吻孩子，以此來慶祝卡爾取得的勝利，這種方式可以讓卡爾體驗到成功帶來的喜悅。在卡爾學會爬行後，我的妻子又加強了訓練的難度，在孩子快要碰到玩具的時候，將目標放到更遠的地方，並鼓勵他爬過去拿。這樣的方法可以一舉兩得，既培養了孩子的毅力，又加強了他的爬行能力。當卡爾開始學習知識時，我們依然採用同樣的方法培養，久而久之，就讓他形成了一種堅持不懈的行為習慣；當然後來所用的工具不是用玩具，而是用書本。

實事求是地說，在學習上卡爾每次的進步，都是堅持不懈地解決難題的結果。

卡爾的數學成績一直很優秀，我給他一些有難度的題目，他都能很輕鬆地解決。為了提高他的能力，我給他一道遠遠超出他能力範圍的題目。之後，他就跟平時一樣全神貫注地作答起來。這時，我也會離開房間，讓他在安靜的環境中獨立思考。可是，過了很久，卡爾依然沒有走出房間。

這時，我意識到這個題目已經超出了卡爾的知識及能力範圍，我有點責怪自己，這很可能會打擊孩子的自信心。

當我走進房間時，看見卡爾仍然坐在那裡埋頭苦思，而桌子上卻放著一張空白的紙，什麼字都沒寫。

我問他：「怎麼了，卡爾，是不是這道題目太難了？」

卡爾沒有說話，只是抬起頭來看了看我。

我看到卡爾一臉通紅，並且滿頭大汗，但當時天氣並不熱，所以我以為兒子生病了。

於是我問他：「怎麼了，卡爾，你不舒服嗎？」

「沒有，我只是在想應該怎麼解答這道題目。」卡爾說。

「已經超出時間限制了，要是你認為太難，就先休息一下吧。明天再來解決它。」我說道。

「不，爸爸，再給我一點時間吧。我似乎就快要找到答案了。」卡爾說完繼續埋頭思考。

我想這是兒子正在解答問題的關鍵時刻，不應該打斷他。於是又出去了，跟妻子談論這件事。

快要吃飯的時候，妻子有些等不及了，她對我說：「你應該讓兒子出來了，恐怕那道題目太難，卡爾的自尊心又太強，害怕做不出而感到丟臉。你去勸勸他吧，不要讓他太累。」

所以，我又走進了房間。

「卡爾，這道題目的確很難，你已經盡力了，解不出來沒關係。」

「不！爸爸，我就要解出來了。你不是說要堅持不懈嗎？我已經找到了解題方法，還差一點點就完全解出來了。」卡爾這麼有恆心，我們當然要支持。我們夫妻倆只好在外面耐心地等，已經做好他解不出題的心理準備。

「爸爸！爸爸！」沒過多久，兒子就興奮地喊起來。那一刻

我激動萬分，因為從卡爾的聲調，我知道他成功了。

果然，我一看他拿著的答案，完全正確，而且思路巧妙，比標準答案還要略勝一籌。

我問他：「卡爾，你不是說很難嗎？怎麼做到的？有沒有想過放棄？」

他說：「想過，剛開始覺得這道題目確實太難了。想了好久，我都覺得頭痛欲裂，真想跑出去跟你說解不出來。但每到這時，心中就會響起一個聲音：『堅持、再堅持』，所以我發誓堅持到底，最後終於勝利了。」

那一晚，卡爾吃的東西比平時多了許多，睡得也很香，因為他感到很累。

而那一道題目就好像一道門檻，跨過了這道門檻後，卡爾的解題能力有了極大的提升。每一道數學題他都能用好幾種方法做出解答。

我想，也正是透過這一次的練習，讓卡爾體會到了堅持到底就會成功的道理。

第十三章
我的兒子是最幸福的

▌卡爾一舉成名

卡爾學有所成之後，在附近幾乎成為了眾所周知的大名人。一個偶然的機會，我見到了梅澤堡國中的老師瓊斯‧蘭特福先生。在和我談起了卡爾的教育情況後，他很感興趣，請我允許他當著學生的面來測試卡爾，以便鼓舞他的學生。剛開始我很擔心這樣會引起卡爾自滿的心理，但在蘭特福先生的一再懇求下，我猶豫再三最終還是答應了他。

不過，我提出了一個小小的條件，我要求不能讓卡爾知道這件事的目的，還要事先和同學們說好，不能讚揚卡爾，要讓一切看起來都是偶然的，不能對卡爾產生不好的影響。

去之前，我對卡爾說只是普通的參觀，主要是讓他看看別的孩子的學習情況。到了學校，蘭特福先生帶我們參觀了教學設施，並向我們介紹了該校的教學情況，然後就把我們帶進教室，讓我們坐在後面。

蘭特福先生是教希臘語的教師，剛好那堂課是他講《蒲魯塔克》。他向學生們提出一些有難度的問題，沒有學生肯積極地回答。蘭特福先生想讓同學們開開眼界，於是他叫卡爾來回答他的問題。卡爾很輕鬆地就將學生們弄不清楚的問題全解答了，而且思路清晰、表達明確，對蘭特福先生所提的其他問題，卡爾也一樣對答如流。

為了讓同學們更好地認識卡爾，蘭特福先生將一本用拉丁語寫的《凱撒大帝》給了卡爾，然後就此書提問，卡爾同樣對答如流。接著，他又讓卡爾讀義大利文寫的書，卡爾朗讀流利、

發音標準。蘭特福先生還想測試卡爾的法語水準，但是當時沒有找到合適的書，於是他就用法語與卡爾交談。卡爾十分流暢地回答了他所提的那些問題，就如同在使用母語講話一般。

後來，蘭特福先生又問了卡爾一些關於希臘的歷史及地理方面的問題，雖然他在不同的方面提了很多的問題，但卡爾還是全都做出了正確的回答。最後他還測試了卡爾的數學，最終得到的圓滿答案讓在場的所有人大為驚訝。

這下子，同學們完全被卡爾所折服，還有人忘了之前的約定，鼓起了掌。

這是 1808 年 5 月發生的事，那時卡爾才 7 歲又 10 個月。看到這樣令人幸福的情景，坐在教室後面的我感到非常激動與驕傲。

過了幾天後，《漢堡通訊》刊登了一篇題為〈當地教育史上的一起驚人事件〉的文章 —— 我至今仍保存著這份報紙，文章詳細報導了此事：

「這位名叫卡爾‧威特的孩子，是洛赫村牧師威特博士的兒子。這個出色的少年並非少年老成，他雖然學富五車、才華洋溢，卻一點也不驕傲，而且健康、活潑。」

「一個能夠取得這樣理想發展的孩子，不論是從精神還是身體方面，他所受的教育方法絕對是非常獨特而有趣的，遺憾的是威特博士在這方面沒有談及。」

沒過多久，隨著各地的報紙都轉載了這一則報導，卡爾的名字於是在頃刻之間轟動了整個德國。

因為卡爾成了所謂的「名人」，來拜訪他的人絡繹不絕，其

中還有許多一流的學者以及權威的教育專家。在對卡爾有所了解之後，這些人無一不佩服之至，並大大感嘆著說：百聞不如一見。

對於任何訪問，卡爾都能應對得從容自若而又謙虛禮貌。我經常告誡他，不管發生什麼事情，都不能驕傲自大，要保持平常心。卡爾確實做到了這一點，這令我感到非常滿意及欣慰。

▎來自萊比錫大學的邀請

從古至今，德國向來有著尊敬有學問之人的優良傳統。這也是我們國家之所以能民富國強、繁榮昌盛的重要原因之一。

由於卡爾學識過人，他很快就成為了一個家喻戶曉的人物。隨之，萊比錫大學的一位教授和本市一位很有影響力的人物，打算讓卡爾到萊比錫大學讀書。他們盡力勸我讓本市湯瑪斯中學校長勞斯特博士對卡爾進行測試。

對於這樣的考核，我感到有些為難，因為我擔心他們會胡亂出考題，對卡爾造成不利影響。另一方面，我教育兒子的本意只是想讓他多掌握知識，並非是接受這樣那樣的考核。但是，為了讓卡爾能有一個美好的未來，我最終還是同意了他們的要求。

不過，與往常一樣，我還是向勞斯特博士提出要求，盡量不讓卡爾察覺到他們是在考試。勞斯特博士答應了我，這次測試是用談話的方式進行。測試的時間是 1809 年 12 月 12 日。考試結束後，勞斯特博士就為卡爾寫了一封入學證明書，他是這

樣寫的：

根據我的要求，我今天測試了 9 歲的少年卡爾‧威特。

我從《伊利亞德》中選了幾段考希臘語，從《艾尼亞斯紀》中選出幾段考拉丁語，從伽利略的著作中選幾段考義大利語，又從某本著作中選了幾段考法語，雖然選出的部分非常難，但卡爾卻都完成得相當好。

卡爾不僅在語言方面十分優秀，學識淵博，而且有很強的理解能力，這個各方面都令人敬佩的少年是由他的父親威特先生精心教育出來的。我認為他這種教育孩子的方法非常值得人們重視。這個優秀的少年完全具備了大學入學的條件。為了進一步研究，讓這個少年跳級上大學是很有必要的。

勞斯特博士的這份證明書被送到了萊比錫大學。此外，他還以私人名義寫信給萊比錫大學的校長，強調卡爾儘管只有 9 歲，但完全有能力上大學。他還力勸校長拋開世俗偏見，接收卡爾入學，這將非常有利於學術的進步，是非常必要的做法。

校方收到這些信件後，很快就同意卡爾於次年 1 月 18 日入學。

到了入學那天，我帶著兒子去見了校長瓊斯博士，瓊斯博士非常高興地和我們談了很久。也就在那一天，他向市裡的一位權勢人物發出一封信，內容如下：

洛赫村牧師威特博士的兒子卡爾‧威特，他雖然才剛剛 9 歲，但已經具備了 18、19 歲的青年們所不及的智力及學力。這是他父親對他實行早期教育的結果。

由此可以得出，適當的早期教育可使兒童的能力發展到出

第十三章　我的兒子是最幸福的

乎所有人意料的程度。卡爾能熟練地使用希臘語、法語、義大利語、拉丁語、英語，以及理解這些語言寫成的詩詞與文章。他最近被很多學者測試過，沒有一個學者不為他的學識而驚嘆；他還在國王面前接受過考試。

在威特先生的悉心教育下，卡爾熟悉並掌握了人類有史以來在文學、歷史及地理等方面所累積的知識。由此可見，威特先生在教育兒童方面所取得的成就，非常令人驚嘆，絲毫不亞於少年卡爾的學識。

此外，這個讓人欽佩的少年在心理及身體都非常地健康，與其他許多神童不同的是，他不僅天真活潑，而且絲毫沒有表現出傲慢與無禮，這種可貴的品性是非常難得的。只要以後繼續對其進行培養及教育，他的未來將是不可估量的。

但是，他們家住在農村，父親收入微薄，不管是財力還是其他方面，對他以後的教育都已力不從心。

他的父親想讓全家都搬到城裡，以陪伴卡爾讀完 3 年大學。但因為他只是一個鄉村貧窮的牧師，不可能犧牲自己的那份工作到這裡來，所以我向諸位呼籲，只要每年 4 馬克，威特先生就能住在萊比錫，教育在大學讀書的那個可貴的孩子。所以我特別在此呼籲諸位積極捐助，每年 4 馬克，捐助 3 年。

這是最美好的事業，我深信諸位是不會甘心於因「眼看著一個天才被埋沒於世」而受到譴責的。況且威特先生來本地也可以對其他孩子進行類似的教育，這對我們的教育研究亦可助一臂之力。

總而言之，這是一個美好的事業，望諸位踴躍參加。

瓊斯校長的這封信在當時引起了人們非常強烈的反響，雖然是預定每年籌款 4 馬克，但實際上卻籌到了 8 馬克。除此之外，當地的高層聘請我去那裡從事牧師職業，發給我雙倍的薪水，並再三叮囑我一定要去。

對於人們的友善及幫助，我打從心底非常地感激。

▍國王挽留，卡爾進入哥廷根大學

我帶著卡爾去卡塞爾拜見國王，以便得到他批准我辭職的許可。這裡需要說明的是，當時的國王不是普魯士國王，而是拿破崙一世的弟弟 —— 威斯特伐利亞國王熱羅姆。

威斯特伐利亞王國是拿破崙一世 1807 年在易北河西岸建立的，管轄著洛赫村及哈雷等地方，儘管這些地方在政治上由法國人與德國人統治。

不巧的是，當我們到達卡塞爾時，國王外出訪問了。

於是，拉日斯特大臣接見了我們。當他剛見到卡爾時，還對他的才華表示了懷疑。但在一番交談之後，他完全被卡爾所征服。

我記得很清楚，那一天拉日斯特大臣考問了卡爾大約 3 個小時。他向卡爾提了許多問題，內容涉及哲學、文學、天文、地理、歷史等諸多方面的學問。對於這個問題，卡爾一一做了詳盡而令人滿意的解答。拉日斯特大臣最終確認卡爾是個名不虛傳的人才。他認為將卡爾這樣的天才送到國外去太可惜了，當時的萊比錫是屬於薩克森範圍的。他詢問了很多關於我教育

方面的事情，最後決定要我們父子留在國內。

第二天，他設晚宴招待我們及政府大臣。席上，大家也考了卡爾，而且很滿意。他們商量決定請國王贊助卡爾繼續學習，讓我們在國內讀哈雷大學或哥廷根大學，而不去萊比錫。但是我以不好辜負萊比錫人們的好意為理由拒絕了。不過因為沒有國王的批准，我們只好繼續待在洛赫。

7 月 29 日，我們收到威爾弗雷德大臣的信：

「您的辭意及令郎傑出的才能已經向尊敬的國王陛下稟報了，酷愛人才的陛下讓我傳達他的命令：允許您在今年耶誕節過後辭去職務，等令郎大學畢業再為您重新安排牧師事業。

陛下下旨認為國內也有優秀的大學，所以你們不必前去國外求學，應當在國內就學。你們也不需要接受外國的資助，在令郎求學的三年中，每年賜予 60 馬克，令郎須在哥廷根大學就讀。

能向您傳達諭令我甚感榮幸，並願意為令郎的教育獻出棉薄之力。從現在起至耶誕節的兩個月期間可做遷往哥廷根的離職準備。」

就這樣，卡爾於同年秋季就讀哥廷根大學，學制四年。

一開始，由於卡爾太小，我不放心，就和他一起去學校，隨時照顧他。

四年中他的課程安排如下：第一學期，古代史（上）和物理學；第二學期，數學和植物學；第三學期，應用數學和博物學；第四學期，化學和解析學；第五學期，測量學、實驗化學、礦物學（上）和微積分；第六學期，實用幾何學、光學、礦物學

（下）、法國文學；第七學期，政治史、古代史（下）；第八學期，高等數學。除了這些還有解析化學、倫理學與語言學等等。

通常，一個 10 歲左右的孩子和 20 歲左右的青年一起學習是會非常緊張的，但卡爾的大學生活卻輕鬆愉快，一點也不緊張。

他能夠盡情地遊玩及參加運動，並有足夠的時間去採集動植物標本。他會畫畫、能彈琴、也會跳舞。除了上課外，一天也沒有停止過對古典文化及近代科學的研究。

復活節一到，我就帶兒子去旅行，這件事讓人們很不解。他們以為我一定會利用假期拚命幫兒子複習功課，認為我們會為此天天跑圖書館，而我的朋友們也確實是這樣勸我的。但是我卻回答道：「如果我打算將兒子培養成一個沒有朝氣、只供別人觀賞，所謂的『神童』，我肯定會用那種方式來教育他；可是我不希望卡爾做一件展覽品，我始終認為兒子的活潑健康及見識比學識更重要，何況卡爾的學習時間已經十分充足。」聽了我的話，那些人都感到很不可思議。

在兒子上大學的過程中，我對他的健康依然十分重視，無論天氣如何惡劣，都要兒子堅持做運動。人們經常能看見我們在風雪交加的日子裡做運動的身影。

第二年夏天，也就是第二學期末，國王視察哥廷根大學。他參觀了校園，最後來到植物園。

因為卡爾這學期學植物學，所以和同學們一起在植物園。前面我們說過的拉日斯特大臣也陪同國王視察，在植物園中，他一眼就認出了卡爾，並向國王做了介紹。國王很高興，一定要跟卡爾說說話，並允許我同去覲見。我們被帶到國王和王后

面前,國王鼓勵卡爾日後更加努力,表示會永遠庇護,讓卡爾安心學習。

我們退下後,隨行的貴夫人們蜂擁而上,圍著卡爾不停地親吻。後來,卡爾與兩位將軍一起走在國王後面,直到國王上車。

這一年,卡爾才 9 歲。

1812 年,也就是第五個學期的時候,12 歲的卡爾發表了一篇關於螺旋線的論文,這篇論文深受學術界的好評。卡爾在報上發表了自己發明的畫曲線工具,由於它十分地簡單方便,受到國王和人們極大的讚賞。

在第七學期,卡爾 13 歲的時候,他一邊專心地學政治史,一邊抽空寫三角術的書。這本關於三角術的書在卡爾離開了哥廷根大學,進入海得爾堡大學學習後開始出版。

1813 年,也就是供給卡爾三年學費的到期年限,我接到國王的旨意,說願意再續供一年,提供卡爾四年的學費,並允許孩子可以任意選擇他想去的學校繼續學習。

因為前一年拿破崙遠征俄國失敗,其勢力開始逐漸衰落,十月萊比錫一戰失敗,威斯特伐利亞國便崩潰了。這時,威斯特伐利亞政府就把卡爾推薦給了漢諾威、布藍茲維、黑森三國政府。

當時,威斯特伐利亞政府中大半官員是德國人,再加上處於戰亂時期,每個國家都缺錢,凡是不急需的就不准花錢。雖然面臨這樣的嚴峻現實,可是三國政府還是接受了這一推薦,爽快地答應了負擔卡爾的學費。可見當時人們是多麼重視卡爾

的才學。

年僅 14 歲的博士

1814 年 4 月，卡爾去韋茨拉爾旅行，並訪問了基森大學。在這所大學，卡爾受到熱情歡迎，並和哲學教授們共同探討學術問題。最後，這些教授們肯定了卡爾的學術水準，尤其是他 1812 年公開發表的論文價值。校長赫拉馬萊博士授予他哲學博士學位，那天是 1814 年 4 月 10 日，卡爾年僅 14 歲。

緊接著，卡爾去訪問馬爾堡大學，同樣受到師生們的熱烈歡迎，該大學的校長也想要授予卡爾哲學博士的稱號，但是卻被吉森大學搶先了一步。

因為在哥廷根大學最後學期的學費是由三國政府資助的，所以，我們去布藍茲維領學費時，政府人員將我們介紹給布藍茲維公爵認識。當時，正巧公爵要外出旅行，但他仍然高興地接見了我們，談了許多話，並熱心地建議我們去美國留學。表示只要我們願意去，就把我們推薦給他在美國的親屬，並願意出學費。

此後，我們到了漢諾威，卡爾被聘請做報告，因為他在之前曾於薩爾茨韋德爾做過數學的報告，並受到了極大的好評。當問到要講什麼時，對方仍然提出希望講講數學方面的問題。卡爾在接受了邀請的第二天，就在本地中學的大禮堂裡做了演講。

當時，漢諾威市幾乎所有的知識分子都來了，卡爾用德語

演講，流利又清晰。由於他不斷地忙於應酬，無暇準備，而且每天很晚才睡，所以有人懷疑他講這麼好可能是事前準備好了草稿。於是他們就悄悄繞到他後面，發現沒有稿子後，感到非常詫異。

卡爾也注意到了這一點，為了證明自己，消除聽眾的懷疑，他故意離開講桌，這時聽眾掌聲如雷。卡爾就在這種雷鳴般的掌聲及陣陣喝彩中結束了報告。

政府不僅認同兒子的才學，還給他資助了比以往更多的學費。

肯布里基公爵也願意資助卡爾學費，並推薦孩子去英國留學。我們去黑森時也受到同樣熱烈地歡迎，經常被邀請到宮中款待。

卡爾從哥廷根大學畢業後，我就一直在考慮卡爾的出路。倘若要讓孩子成為名人，最好的方法就是讓卡爾鑽研以前所獲得成果中的某個領域。但是，經過慎重考慮後，還是放棄了這條成名的捷徑。我覺得這樣做只會讓孩子成為局限在一個領域裡的學者。為了能讓兒子得到更多的知識，我最終決定讓孩子去學法學。有位數學教授對此深表惋惜，問我為什麼要做出這樣的決定。

我告訴這位教授：「18 歲前應該盡可能學習豐富的知識，確定專業方向要在 18 歲以後。等到卡爾 18 歲後，如果他還喜歡數學，那我就讓他從事數學研究。」

後來，卡爾就上了海德堡大學專修法學，他的成績依然十分優秀，深受老師及同學的喜愛。

▋快樂又健康的天才

　　曾經有人問我，卡爾所取得的成就來自早期教育，但受到這樣的教育，他會不會因此健康受損呢？

　　這個問題確實很重要。但不管是小時候還是長大後，卡爾一直都很健康。

　　著名詩人海涅在給威蘭的信中寫道，他在卡爾 10 歲時，測試過卡爾。當時讓他驚訝的不僅是卡爾非凡的語言學才華，還有他的身心健康、天真活潑，在肉體和精神都有過人之處。

　　或許有人會認為，卡爾受到那樣的教育一定是只會坐在書桌旁啃書，從而使天真爛漫的少年時代在毫無樂趣的生活中度過。但是，事實絕非如此。

　　「沒有比品嘗真理的滋味更為幸福的了，享受到真理的幸福是永生難忘的。」這是德萊頓在一首詩中所寫的一句話，我非常欣賞這句話。

　　在我看來，自小就享受真理滋味的兒子，比任何孩子都幸福。而且，如前所述，在我的合理教育下，卡爾單純坐在書桌旁學習的時間很少，他有大量盡情遊戲及運動的時間。

　　由於卡爾從小見多識廣，知道別的孩子聞所未聞的事，想法成熟，他的淵博知識讓他們難以望其項背；而且他一點也不驕傲自大，絕對不會瞧不起其他孩子，和大家一起玩時，卡爾總是很親切，不會惹大家生氣，所以孩子們也覺得很開心、愉快，都喜歡跟他玩。即使有人故意挑釁，他也會妥善處理，絕不和他們爭吵。

第十三章　我的兒子是最幸福的

　　自古以來，人們就認為學者生活是極為乏味的，但無論小時候還是長大後，卡爾都不是無趣的書呆子，他總是讓別人很愉快。

　　他的身體裡流淌著文學的血液，不僅從小精通古今中外的文學作品，而且很早就寫出了優秀的詩及文章。

　　卡爾具有做人與做學者的完美品行，我為此感到自豪不已。

官網

國家圖書館出版品預行編目資料

卡爾‧威特如何「被」成為天才？開發五感 × 訓練四肢，從智商低下到跳級上大學，揮別填鴨陋習，用遊戲啟蒙腦力！ / [德] 老卡爾‧威特（Karl Heinrich Gottfried Witte）趙建，鄒舟 主編 . -- 第一版 . -- 臺北市：崧燁文化事業有限公司 , 2023.04

面； 公分

POD 版

譯自：The education of Karl Witte : or, the training of the child.

ISBN 978-626-357-269-0(平裝)

1.CST: 威特 (Witte, Karl, 1800-1883) 2.CST: 親職教育 3.CST: 兒童教育

528.2　　112003976

卡爾‧威特如何「被」成為天才？開發五感 × 訓練四肢，從智商低下到跳級上大學，揮別填鴨陋習，用遊戲啟蒙腦力！

臉書

作　　者：[德] 老卡爾‧威特（Karl Heinrich Gottfried Witte）

主　　編：趙建，鄒舟

發 行 人：黃振庭

出 版 者：崧燁文化事業有限公司

發 行 者：崧燁文化事業有限公司

E - m a i l：sonbookservice@gmail.com

粉 絲 頁：https://www.facebook.com/sonbookss/

網　　址：https://sonbook.net/

地　　址：台北市中正區重慶南路一段六十一號八樓 815 室

Rm. 815, 8F., No.61, Sec. 1, Chongqing S. Rd., Zhongzheng Dist., Taipei City 100, Taiwan

電　　話：(02)2370-3310　　傳　　真：(02) 2388-1990

印　　刷：京峯彩色印刷有限公司（京峰數位）

律師顧問：廣華律師事務所 張珮琦律師

定　　價：350 元

發行日期：2023 年 04 月第一版

◎本書以 POD 印製